“科学·人文·未来”论坛实录　　王蒙　管华诗◎总主编

教育兴邦

主　　编 | 田　辉

副 主 编 | 周妮妮　边　洋

文稿整理 | 李　蓓　王奎国　李雨桐

中国海洋大学出版社

·青岛·

图书在版编目（CIP）数据
教育兴邦 / 田辉主编. -- 青岛 : 中国海洋大学出版社，2025. 5. --（“科学·人文·未来”论坛实录）.
ISBN 978-7-5670-4210-0
Ⅰ. G4-53
中国国家版本馆CIP数据核字第2025QM7428号

教育兴邦

JIAOYU XINGBANG

出版发行　中国海洋大学出版社
社　　址　青岛市香港东路23号　　邮政编码　266071
出 版 人　刘文菁
网　　址　http://pub.ouc.edu.cn
电子邮箱　361787896@qq.com
订购电话　0532-82032573（传真）
责任编辑　张　华　　电　　话　0532-85902342
印　　制　青岛国彩印刷股份有限公司
版　　次　2025年5月第1版
印　　次　2025年5月第1次印刷
成品尺寸　166 mm × 240 mm
印　　张　8.75
印　　数　1-1000
字　　数　115千
定　　价　48.00元

中国海洋大学党委书记田辉（右一）与“人民艺术家”王蒙先生（左二）

“人民艺术家”王蒙先生（右二）与国家一级作家韩少功（左二）及其夫人（左一）交谈

王蒙先生主持论坛开幕式

田辉书记致欢迎词

中国工程院院士、中国海洋大学教授李华军发表演讲《以科技之力，构筑强海、强国之基——浅谈技术与社会的互动与发展及其启示》

中国美术馆馆长吴为山发表演讲《从三个“一”谈中华优秀传统文化的当代传播》

国家一级作家韩少功发表演讲《求知者的新风险》

中国工程院院士、中国海洋大学教授薛长湖发表演讲
《面向中国式现代化的人才培养与科技创新》

中国艺术研究院红楼梦研究所原所长、《中国文化报》原总编辑、
国家清史办原主任卜键发表演讲《读史的意趣》

论坛第一单元“智汇古今育新人”互动交流

中国高等教育学会学术发展咨询委员会副主任兼秘书长、中国教育科学研究院研究员马陆亭发表演讲《构建“科技教育与人文教育协同”模式支撑强国建设》

中国工程院院士、中国海洋大学教授麦康森发表演讲
《关于教育与创新能力关系的思考》

中国海洋大学党委常委、统战部部长陈鹭发表演讲
《以文化人——教育强国的一个重要切入点》

复旦大学“一带一路”及全球治理研究院常务副院长黄仁伟发表演讲《“一带一路”与建设海洋强国》

大连海事大学法学院特聘教授、智库首席专家邹克渊发表演讲《海洋法治人才培养与海洋强国建设》

论坛第二单元“科教融汇创新质”互动交流

中国工程院外籍院士、美国工程院院士黄锷发表演讲
《科学与创新：我的浅见》

中国作家协会全国委员会主席团委员、创作研究部主任何向阳发表演讲《文学的功德》

日本会津大学教授、日本工程院外籍院士赵强福发表演讲《少子化时代公立大学的可持续发展》

吉林大学教授、中国文化研究所所长张福贵发表演讲
《人类文明新形态建构的原理与逻辑》

第18届国际格林奖获得者、中国海洋大学行远书院院长、国际儿童文学研究中心主任朱自强发表演讲《通识教育与创新能力的培养》

论坛第三单元“融通和合开新局”互动交流

中国海洋大学校长张峻峰致闭幕词

论坛在中国海洋大学崂山校区体育馆举行

合影留念

序

“科学·人文·未来”论坛由“人民艺术家”、中国当代著名作家、原文化部部长王蒙先生和中国工程院院士、中国现代海洋药物研究的开拓者与奠基人、中国海洋大学原校长管华诗教授共同发起并担任主席。论坛致力于科学精神与人文精神的贯通，始终紧贴时代脉搏，内涵不断深化，领域不断拓展，为科学和人文的对话、自然科学和人文社会科学专家学者的交流提供了重要平台，为人类社会文明进步和中国高等教育发展贡献了诸多重要的智慧和方案。各位专家学者的真知灼见也给中国海大师生带来回味无穷的精神享受，为学校推动特色显著的世界一流大学建设注入了强大动力。论坛已成为具有广泛影响力、吸引力、辐射力的高校学术品牌活动，受到社会广泛赞誉。

论坛创立20年，迄今已成功举办五届。2004年10月，学校80周年校庆之际，首届“科学·人文·未来”论坛召开，揭开“高山流水”的序章。2011年10月，第二届论坛以“关注海洋，面向世界”为主题，续写“勇者乐海”的故事。2014年10月，第三届论坛以“教育实现梦想”为主题承托“梦想之舟”。2019年10月，建校95周年之际，第四届论坛以“构建人类命运共同体”为主题，共话“命运与共”的时代课题。2024年10月，在庆祝中华人民共和国成立75周年、喜迎学校建校100周年之际，第五届论坛以“教育强国与中国式现代化”为主题隆重召开，彰显“教育兴邦”的使命担当。

教育决定着人类的今天，也决定着人类的未来。到2035年建成教育强国，是党中央作出的重要决策部署。习近平总书记在2024年全国教育大会上强调：“建成教育强国是近代以来中华民族梦寐以求的美好愿望，是实现以中国式现代化全面推进强国建设、民族复兴伟业的先导任务、坚实基础、战略支撑，必须朝着既定目标扎实迈进。”高等教育是建设教育强国的龙头，在实现中国式现代化中扮演着重要的战略角色。本届论坛以“教育强国与中国式现代化”为主题，可谓正当其时，意义重大。

本届论坛分为“智汇古今育新人”“科教融汇创新质”“融通和合开新局”三个单元，各位科学家和人文社会学家博古通今、高屋建瓴地结合自身的研究领域，聚焦教育、科技、人才一体化发展，围绕“建设海洋强国”“保障国家粮食安全”“担负新时代文化使命”“共建‘一带一路’”等主题，从教育与国家发展的历史维度深刻剖析，从强国建设、民族复兴伟业的战略高度深入思考，从教育互学互鉴、融通发展的国际广度深度探讨，精彩纷呈而又深入浅出，打造了一场精彩的思想文化盛宴，科学和人文大家在对话碰撞中，迸发新智慧、产生新思想、凝聚新共识，科学精神与人文精神相映生辉，闪耀光芒。

积力之所举，则无不胜也；众智之所为，则无不成也。为记录并再现论坛现场科学家和人文社会学家的思想碰撞显现出的科学人文之光，持续激发更多读者对教育强国建设如何更好地支撑和引领中国式现代化、中国式现代化进程中科学与人文如何更好地相互促进的思考和探索，特将专家讲稿以论坛实录的形式结集出版。特别感谢拨冗莅临本届论坛的诸位专家学者，尤其感谢他们慷慨地将演讲的宗论闳议以文字的形式与各位分享。

今年是中国海洋大学建校100周年，习近平总书记给学校全体师生回信，充分体现了以习近平同志为核心的党中央对中国海洋大学的高度重视、对学校全体师生员工和广大校友的亲切关怀，为学校未来发展指明了新的历史方位，明确了使命任务，提供了根本遵循，注入了强大动力，吹响了学校勇担使命、奋进新程的“冲锋号”，具有重大政治意义、深远历史意义和现实指导意义，必将载入中国海大发展的史册、高等教育发展的史册、海洋事业发展的史册。

勇立潮头，谋海济国。站在历史新起点，面向百年新跨越，中国海洋大学全体师生将高举习近平新时代中国特色社会主义思想伟大旗帜，深入学习贯彻落实习近平总书记重要回信精神，奋力实施新时代蓝色梦想计划，牢记嘱托，勇担使命，感恩奋进，勇攀高峰，努力推动特色显著的世界一流大学建设开创新局面、实现新跃升，为建设教育强国、海洋强国作出更大贡献！

是为序。

中国海洋大学党委书记　田辉

2024年12月

目
Contents
录

教育兴邦

第五届“科学·人文·未来”论坛开幕式主持词

王　蒙　（2024年10月20日）

各位专家，各位来宾，老师们、同学们：

第五届“科学·人文·未来”论坛即将揭开序幕，我将同诸位一道，成为这一时刻的见证者。与此同时，我们也将成为思考者、收获者。“科学·人文·未来”论坛已经举办四届，走过二十载春秋，它的生命力依然蓬勃鲜活，影响力越来越大。今年是论坛创办的第20年，也是中华人民共和国成立75周年、中国海洋大学建校100周年。世纪海大，谋海济国。在这个对于国家发展极为重要的一年，对于中国海大意义非凡的节点，我们以“教育强国与中国式现代化”为本届论坛主题，进一步探讨科学、人文及教育的核心价值与深远影响。

管华诗院士与我一同担任论坛主席。管华诗院士作为中国海洋大学原校长与论坛的发起者，对论坛非常重视。遗憾的是，由于近期管院士健康状况欠佳，无法出席本次论坛，故我在此代为履行主席职责，主持本次会议。同时，我们也向管华诗院士表达最诚挚的祝愿，期盼他能够早日恢复健康。

在此，请先允许我介绍出席会议的科学家和人文社会学者，他们是：

中国工程院院士　麦康森先生

日本工程院外籍院士　赵强福先生

中国工程院院士　李华军先生

中国工程院院士　薛长湖先生

国家一级作家　韩少功先生

复旦大学“一带一路”及全球治理研究院常务副院长　黄仁伟先生

大连海事大学法学院特聘教授、智库首席专家　邹克渊先生

中国海洋大学特聘教授、国家文化和旅游研究基地主任　卜键先生

教育部长江学者特聘教授、吉林大学哲学社会科学教授　张福贵先生

中国海洋大学行远书院院长、国际儿童文学研究中心主任　朱自强先生

全国政协常委、副秘书长，民盟中央副主席，中国美术馆馆长，雕塑家　吴为山先生

中国高等教育学会学术发展咨询委员会副主任兼秘书长，中国教育科学研究院研究员　马陆亭先生

中国作家协会全国委员会主席团委员、创研部主任　何向阳女士

中国海洋大学党委常委、统战部部长　陈鹭先生

参加此次开幕式的学校领导与嘉宾有：

中国海洋大学党委书记　田辉先生

党委常务副书记　张静女士

党委副书记　卢光志先生

参加开幕式的还有中国海洋大学的老师和同学们。

让我们以热烈的掌声欢迎大家的到来！

其中，中国工程院外籍院士、美国工程院院士黄锷先生因行程原因无法参加开幕式，但黄教授已确认将正常参与今天下午的论坛活动，届时他将发表演讲并参与互动研讨环节。

现在，我宣布，第五届“科学·人文·未来”论坛正式开幕。

第五届"科学·人文·未来"论坛开幕式欢迎词

田 辉 （2024年10月20日）

尊敬的王蒙先生，尊敬的各位专家、各位来宾，老师们、同学们：

在中国海洋大学喜迎建校100周年之际，众多科学家和人文社会学家相聚一堂，共话"教育强国与中国式现代化"。我谨代表中国海洋大学，向各位来宾的莅临表示衷心的感谢和热烈的欢迎！

今年是中国海洋大学建校100周年。100年来，学校秉承"教授高深学术，养成硕学宏材，应国家需要"的创校宗旨，坚守"崇尚学术、谋海济国"的价值追求，以培养造就国家海洋事业的领军人才和骨干力量为特殊使命，与伟大祖国同呼吸、与海洋事业共命运、与齐鲁发展相交融，在科教兴国、海洋强国建设中勇立潮头、走在前列，谱写了不懈奋斗、向海图强的蓝色华章。特别是近年来，学校深入学习贯彻习近平新时代中国特色社会主义思想，牢记嘱托、勇担使命，踔厉奋发、攻坚克难，在破解事业改革发展中的难题、推进事关长远的大事要事、解决师生急难愁盼的问题、防范化解风险等方面，取得了一系列突破性进展和标志性成果。学校的海洋科学和水产学科迈进世界顶尖学科行列，学校综合实力、核心竞争力和全球影响力显著提升，一流大学建设迈向新高度。

今年是“科学·人文·未来”论坛创办20周年，从2004年王蒙先生与管华诗院士倡议设立至今，已成功举办四届。这20年间，在两位先生的关心、关怀和指导帮助下，论坛致力于科学精神与人文精神的贯通，始终紧贴时代脉搏，内涵不断深化，领域不断拓展，为科学和人文的对话、自然科学和人文社会科学专家学者的交流提供了重要平台，为中国高等教育发展和社会进步贡献了许多重要的智慧和方案，各位专家学者的真知灼见也给中国海大师生带来回味无穷的精神享受，为学校推动特色显著的世界一流大学建设注入了强大动力。论坛已成为具有广泛影响力、吸引力、辐射力的高校学术品牌活动，受到大家的广泛赞誉。

中国式现代化理论是我们党的一个重大理论创新，是科学社会主义发展的最新重大成果，是对世界现代化理论的重大贡献，打破了“现代化 = 西方化”的迷思，在逻辑、理念、模式、话语上实现全方位转换，开辟了一条属于中国但又具有世界意义的现代化道路，创造了人类文明新形态。党的二十大报告确立了以中国式现代化全面推进中华民族伟大复兴的中心任务。教育现代化是中国式现代化的重要组成部分，率先实现教育现代化、建成教育强国是实现中国式现代化的基础支撑和动力引领。上个月，习近平总书记在全国教育大会上，对加快建成教育强国作出系统部署，发出了建设教育强国的动员令。

高等教育是建设教育强国的龙头，在实现中国式现代化中扮演着不可替代的战略性角色，我们要深刻领会加快建设教育强国的战略考量，深刻认识教育服务经济社会、有效支撑引领中国式现代化的战略属性，深刻理解统筹教育科技人才体制机制一体改革的重大战略意义，深刻把握围绕中国式现代化推进教育强国建设的战略举措，更好地发挥教育强国的思政引领力、人才竞争力、科技支撑力、民生保障力、社会协同力、国际影响力，在以中国式现代化全面推进强国建设、民族复兴伟业进程中加快建设世界一流大学，做到积极有为、大有作为，贡献更大力量。

在全国深入学习贯彻全国教育大会精神的重要时刻，本届论坛以“教育强国与中国式现代化”为主题，可谓正当其时，意义重大。我们相信并期待，在各位科学与人文大家的对话碰撞中，迸发出新智慧、产生新思想、凝聚新共识，让我们共同见证科学精神与人文精神相映生辉，闪耀光芒！

最后，祝本届论坛圆满成功！

祝各位专家身体健康！

谢谢大家！

以科技之力，构筑强海、强国之基

——浅谈技术与社会的互动与发展及其启示

李华军

李|华|军|简|介

李华军，海洋工程专家，中国工程院院士，中国海洋大学教授。长期从事海洋工程结构与水动力学及安全防灾技术研究，围绕海洋资源开发的国家重大需求，在新型海工结构的设计施工以及安全运维领域作出了突出贡献，提升了海洋工程领域的理论与技术水平及重大工程实践能力。

发表论文300余篇，出版著作5部。授权国家发明专利100余项，成果被纳入5部国家行业规范标准。获国家科技奖励3项、山东省最高科技奖1项、省部级科技奖励一等奖8项、何梁何利创新奖及光华工程科技奖。被评为全国先进工作者，获国家杰出青年科学基金，入选“长江学者”特聘教授。

尊敬的王蒙先生、田辉书记，各位来宾，老师们、同学们：

大家好！借学校百年华诞，向各位来宾致以敬意，表示感谢和欢迎！

非常荣幸能够参加这次论坛，我演讲的题目是《以科技之力，构筑强海、强国之基——浅谈技术与社会的互动与发展及其启示》。首先，从我的专业——海洋工程，我自己做的工作，国家的情况和我了解的技术等角度谈一谈人类社会发展以及启示。我想特别讲一讲科技创新的内涵，技术、社会、教育的互动、发展演化以及启示，尤其从能量、信息、金融这三个维度来看社会经济发展脉络的启示。另外，谈一谈贴近我们的主题，教育、科技与人才，分享我的一些看法。

我们都知道，中国海洋大学以海洋为特色，海洋是人类生存的第二空间，也是全球生命支撑系统的重要组成部分。现在，不仅中国，全球其他国家也是这样，都面临着人口、资源、环境的三大压力，海洋可能是解决这个问题的一个很好的出口。我们现在的海洋科技发展速度很快，但是海洋生产总值占GDP的比重不到8%，还有很大的发展空间，尤其是新兴产业。习近平总书记也强调，“海洋是高质量发展战略要地”。这十分重要，中国海洋大学面临着空前的发展机遇，大有可为。

上个月，我们同招商集团在太平洋西部地区6000余米的深海合作采矿。尽管在26天中经历了四场台风，但还是成功了，我们创造了多个世界第一，采了3.5吨矿，这也使我们在世界上多个领域走在了前列。今天我带了从6000余米水深处采上来的矿石，展示给大家。这是其中一颗，和鹅蛋差不多大。海洋是很好的出路。

我们也在这里做了一些建设海上丝绸之路的工作。习近平总书记提出构建人类命运共同体，谈了海上丝绸之路。其中的一些航点、关键的枢纽港是极其重要的，而我们正好在做海洋工程的航道、关键的港口建设等工作。屏幕上显示的是以色列阿什杜德港。在恶劣的海洋环境下，海洋施工作业非常艰难，施工的窗口期每年只有26%的时间。而我们联合研发的装备，可以将每年的施工窗口期扩大到90%。我们提前完成并受到了奖励，这个项目也在2019年获得国家奖项。图上是马尔代夫大桥，拍摄于习近平总书记2014年访问马尔代夫之时。这个岛是它的首都马累，步行需要半个小时。这个地方是机场，习近平总书记下了飞机需要坐船过来。我们帮助当地建造大桥，只用了30个月。这座桥可被称为景观，而且改变了当地居民的生活模式。原来这里没有汽车，现在不仅有汽车，还有出租车，而且整个国家的发展形态也发生了变化。6月份我也去了一趟，我们建了机场、港口等基础设施和生活设施。可以说，我们算是世界有名的"基建狂魔"。我们中的一些年轻人不到40岁，以前是劳务输出，现在是总承包。比如斯里兰卡、巴基斯坦的人在这儿工作，一个月300美元。他们很忠诚，干得非常卖力。我们的员工去工作至少得5000美元，甚至是上万美元，所以整个国际形势都发生了很大的变化。

2013年我参加南海岛礁建设，坐飞机到了三亚。当时我们调查了十几天后，向习近平总书记提出了建设申请。总书记批复后，我们在2015年建了3个大岛、4个小岛。我们的"蓝鲸1号"装备可在水深3000多米的地方作业，钻井可以到1.5万多米深，适用于世界各个地方的海底。这是以中海油为代表的在水面、水中、水下的生产设施，发展非常快。

纵观人类历史，能从人类活动的一个领域有效转入另一个领域的民族，总能获得巨大的战略利益。所以我们要往深海、远海走。

下面从技术角度看人类社会的发展与启示。

我们处在一个快速发展的时代，尤其是科技给我们的生活方式、生产方式带来了巨大的变化，其中也包括商业模式。然而，我们需要认识到，科技既带来了福祉和惊喜，也带来了阵痛和隐患。习近平总书记指出，当今世界正经历百年未有之大变局。我们既有机遇，也有挑战。在过去几百年中，一直是西方引领科技发展。但从现在开始，是不是我们东方大国也能引领科技的发展？这就是习近平总书记提出的"高水平科技自立自强"。

我们原来是跟跑，精于管理就可以快速发展；而未来是领跑，这就需要强大的战略能力，要攻入“无人区”，要做“排头兵”。此外，国家强大，产业发展最重要。以前是地缘政治，现在是产缘政治；以前是一片海、一座山、一条河，现在是一个企业、一个产业链、供应链。我们人类进入了大科学时代，单一的小圈子、个人是搞不定的，需要跨行业、跨学科、跨领域的合作。我们回顾一下工业革命，每一次重大技术革命所带来的辐射效应不断改造旧产业、缔造新产业，行业得到了完全的重塑，商业模式得以重建。四次工业革命后，当时的产业 + 新技术使新产业快速发展。第一次是以蒸汽机为代表的工业革命，第二次是以电为代表的工业革命，第三次是以信息技术为代表的工业革命，第四次是以智能技术为代表的工业革命，包括谷歌、华为等都借助机会得到快速发展。另外，创新是复杂的系统工程，始于技术发现，成熟于技术发明，决胜于产业发展。这里面有很多事情需要理清，科技强最终落实在人才强、企业强、产业强、生态强等方面。科技自立自强有很多的事情需要探索，我今天的分享也是希望大家能在这个方面受到启发。

人类社会由社会系统、经济系统、知识系统三大系统构成，人类社会的进步以这三个系统的协同运行、良性运行和协调发展为主要力量的，对于生产关系、生产力以及其他方面，我就不赘述了。

我们几次工业革命皆是知识系统与经济系统内在产生的科学革命、技术革命。科学革命提升认知水平，技术革命是技术走向世界的中间环节，具有商业价值，而最终影响我们的是工业革命。

简单来讲，科学进步的逻辑在不同的评价体系里是不一样的。其实，科学研究属于长板理论，只要有一个优点、发现一个事物就可以写一篇很好的文章。但是对于产品、商品、企业来说，还是木桶理论在起作用，它们依旧存在短板，要得到市场认可。所以，历史上科技进步的逻辑就是一个“漏斗—喇叭模型”，能够通过市场的检验，就会有放大效应。游戏规则到底是什么？我们国家发表的论文数量和专利申请量都排名世界第一，但是我们的生产力和经济发展模式是否已转变？

另外，我们如何观察时间？学工科的同学都学过系统论、控制论、信息论，这是20世纪40年代出现的三个重要学科，对科学进步和思维科学发展起到了至关重要的作用，有密切的关系。我们可以把一个机电系统看成一个系统，可以把一个大学、企业看成一个系统，把一个省（市）、国家的输入输出看成一个系统，并且控制性地结合在一起，这是一个很有趣的现象，今天就不展开了。我们能够通过系统的方法，动态、整体、关联性地看问题，这是非常有价值的。

1 + 1 = 2，这是数学的公式，没有问题。但是从社会角度看，比如我们的计算机，我们能够看到的是硬件，看不到软件，但没有“硬件 + 软件”就实现不了功能。这里面有很多道理，我们推开数学抽象的模式，在现实当中有很多规律可循。我们看一下探索分析技术与社会互动及发展演化的维度，能量、信息、金融资本是三把钥匙，分析社会的进步可以让我们立于不败之地。能量流、产品流、资本流可以揭示一些真正的现象，让我们能够理解复杂工业社会的经济周期和政治博弈，甚至可以使掩盖在利益集团、意识形态和社会制度争辩下的真相浮出水面。

工业革命的本质是能源革命，第一次工业革命的契机是以煤炭为主的蒸汽机的出现，第二次是以电力能源机为代表的化石能源的应用，第三次是水电、海上新能源、太阳能、风能、生物能、核能等的应用。整个工业革命是以能源为主导的，所以到底有没有足够的能源支撑人类的可持续发展？历史告诉我们，过去几十年我们发展新能源，应该是没有问题的。举一个例子，从太阳能来看，太阳照到地球88分钟的能量就相当于人类一年的能量消耗，照射地球112小时的能量相当于当前探明的化石能源总量，并且是免费的，很充足。如何通过新技术来驾驭这些新能量？我们也在研究海洋能的一些发展，包括海上光伏、海上风电，并取得了一些成绩。

再看现行碳中和、双碳绿色能源转型。从我的角度来看，未来的新能源将从补充能源走向主体能源，从现在的主体能源走向保障能源。电气化成为碳中和的重要途径，从海工产业的船舶航运来看，从纯电驱动到可再生燃料，再到化石燃料的碳捕捉和利用都在快速发展。还有一些瓶颈问题在推进，国际航运碳排放在国家排放里面排在前几名。必须解决这个问题，物流大国如何把货物运出去很重要。

再谈金融、资本、货币。其实工业革命发生在英国是一个“果”，那么“因”是什么？“因”是金融革命。从贝壳到贵重金属再到现在的纸币，纸币代表着国家的信誉。所以金融跟科技发展、社会进步有极其密切的关系。欧美体系的产业为什么发展得这么好？因为这些国家保证了科技优势转化为经济优势，这和金融体系关联密切。

其实，从三条主线分析现代社会发展以及预测未来很有启示——教育、科技、人才。人才是科技创新的主力，教育培养人才，这是各个国家都在探讨的问题，但是都没有找到一劳永逸的方案。尤其是科技，大脑硬件并没有快速地发展进步，而现在是知识爆炸的时代，我们当如何应对呢？可见，教育的质量、数量和模式面临严峻挑战。高校如何探索新的教育体系，包括人才的发现、培养、成长，这是很大的课题。我在实践中发现，现在最难的三件事，一是科技创新，“九死一生”，非常难；二是时代需要合作协同，其实合作协同是最难的；三是人才难得，人才成长的环境和培养模式都值得探讨。

我是做工科研究的，作为教育部海洋工程类专业教指委主任，我是从工程师的角度去看怎么培养人才。虽然在座各位的领域我也不太了解，但从工程师培养的角度来看，要动脑动手。因为有一些隐性知识不是以图表和公式的形式告诉你的，而是通过实践得来的，要有创新、协作、领导力。第五等工程师是独立完成任务，第四等工程师是领导产品，第三等工程师是行业最优，第二等工程师是开创行业，第一等工程师是改变世界，五等之间还有密切的关系。所以，人才培养有很多问题值得探讨。

作为老师，培养人才时一是要理解自然、理解社会；二是要学以致用，我们的脑袋不是容器，而要具有学习力、想象力、创造力；三是要有正确的世界观，唤醒灵魂和激情，有良好的"三观"。

科技和社会的相互作用、快速发展带来一系列的惊喜，创造了财富，也带来了舒适的生活，未来社会会更快速地发展。但是在这背后，人类为生态环境带来的变化也是很大的挑战，我们怎么来应对？生物技术和信息技术相结合对人的改造，将来是不是也是一个挑战？我们需要社会的和谐发展，我们要建设现代化国家，做教育强国、科技强国、人才强国、文化强国、海洋强国等都需要科技的驱动，我们如何能够实现呢？一是人口规模巨大的现代化，要确保人口增长与资源环境相协调；二是能够分享改革的成果；三是精神文明和物质文明协调发展；四是人与自然和谐共生；五是构建人类命运共同体，在世界范围内营造积极合作的良好氛围。

从三个“一”谈中华优秀传统文化的当代传播

吴为山

吴|为|山|简|介

吴为山，现任全国政协常委、副秘书长，民盟中央副主席，中国美术馆馆长，中国美术家协会副主席，文科二级教授，享受国务院政府特殊津贴。由于其卓越的成就与影响力，被法国、意大利、俄罗斯、乌克兰等多国授予院士。曾获得俄罗斯艺术科学院金质奖章、米开朗基罗勋章、首届中华艺文奖等多项荣誉。他的雕塑个展曾在中国国家博物馆、联合国总部、意大利国家博物馆、英国皇家美术院等国内外重要博物馆、美术馆巡展。代表作有立于德国的《马克思》雕塑、法国的《百年丰碑》大型雕塑、希腊的《神遇——孔子与苏格拉底的对话》大型组雕等。

尊敬的王蒙先生，尊敬的田书记，尊敬的中国海洋大学的各位老师、亲爱的同学们，来自全国各地的各位专家：

很高兴参加此次活动。

首先，我认为一个关注科学、人文、未来研究与实践的大学，是有责任感的大学，也是极具希望的大学，它注定要走在前列。中国海洋大学研究“海”，但是它不仅仅局限于自然的海，还有人文与科学的方方面面，特别是对人类文明的关注，我想这绝对是有海洋般胸怀的。我今天给大家汇报的题目是《从三个“一”谈中华优秀文化的当代传播》。

在青岛雕塑艺术馆东侧的广场上，耸立着一尊我创作的雕塑《天人合一——老子》，这尊雕塑凭海临风，以中空造型和内镌《道德经》的创意，将老子虚怀若谷的人生境界划转为可见可感的视觉形象。在我看来，老子的人生境界正是青岛城市品格的写照，也是中国海洋大学的写照：海纳百川、与时俱进、吐故纳新。

这是青岛城市的品格，以及在青岛的所有大学的品格，我想它们都是与海有关系的。

我们从老子思想说起。王蒙先生对老子思想有深刻而独到的见解，他认为，中国人崇拜概念，重视命名。命名的智慧可以让我们认识、体会到世界的丰富多样性，而老子却指出，名源于道，也复归于道。以道观之，多样从不离统一，即《庄子・齐物论》中所说的“道通为一”。王蒙先生的见解不仅道出了老子思想的精髓，更对我们从事传播中华优秀文化工作深有启发。

今天，世界正处于文化空前多元交织的时代，不同文化互鉴互融，有竞争、有合作，但都以构建人类命运共同体为归宿，便是“道通为一”。所以，传播中华优秀文化、构建人类命运共同体不仅是最终目的，也是方法和途径。

对此，我根据自己多年的经验，总结了三个“一”，即一张脸、一颗心、一个魂。这三个“一”的关系是辩证的，既表示统一，也体现多样，由外而内、由表及里。

先说“一张脸”。这里的“一”，是指独特之个性，也是一种对多样性的肯定。所以，这张脸实际上是文化之脸。中华优秀文化的脸，可以是书法的间架意态，也可以是国画的笔墨气韵，还可以是戏曲的唱念做打。当然了，中华优秀文化的成就在世界上的影响，更是中国文化的一张脸、中国科技的一张脸。总之，它是我们在世界文化舞台上的标识，也是进行文化传播的第一步。这张脸所讲述的中国故事充满沧桑，诗情洋溢，极具生命力及独特的文化韵味和魅力，传递着民族的精神价值和理想追求，散发着历经千年沉淀的历史自信和文化自信。

2021年9月，我创作的青铜组雕《神遇——孔子与苏格拉底的对话》被立于希腊雅典阿果拉广场。在爱琴海的阳光下，苏格拉底与孔子两位圣哲形神相遇，分立西东，面向彼此，以同声相应的默契，超越时空，对话互鉴，向世人讲述作为东西方文明发祥地的两个古老国家——中国和希腊之间思想火花的碰撞和伟大友谊。我在选择这件作品的文化意象和表现手法时，有意凸显了二者文化背景的不同。苏格拉底，与古希腊审美中单纯静穆的理想化写实之风相融，通过古希腊神柱与人体的叠化同构，传达其文化的理性特质和科学精神。孔子，则以写意之诗性妙合中国文人艺术形质神韵，借山水与风的意象来彰显中国文化的和谐品格与顺应自然的智慧。观之，苏格拉底条理分明，孔子浑融含蓄，这是在雅典城脚下的孔子与苏格拉底的对话。作品于2021年9月16日落成。

关于孔子与苏格拉底，曾两次访问中国的希腊现代著名文学家卡赞扎基斯说过一句名言：“苏格拉底和孔子是人类的两张面具，面具之下是同一张人类理性的面孔。”不同的文化环境中，理性也会长出不一样的脸。以希腊为代表的西方理性注重逻辑，往往通过静态分析，追求永恒真理。中国理性则崇尚辩证，努力把握变中之常，常中之变，从历史与现实的对比中总结规律。中西理性特点虽有差异，冷静、反思的灵魂却是相同的。

今年6月，这件作品立在了古希腊文明发源地克里特岛的卡赞扎基斯博物馆前。希腊文学巨匠卡赞扎基斯的这句话也被习近平主席在访问希腊时所引用。卡赞扎基斯被誉为“希腊民族魂”，中国近现代文学家、思想家鲁迅被誉为“中国的民族魂”。

再说“一颗心”，有一张脸也有一颗心，这颗心是真诚、平和、平等、平静的心。全球一体化让世界各种文化之间不可避免地存在着比较与竞争，但是越竞争，越要尊重每一种文化所承载的历史、情感和价值。同样，文化的传播也必须真诚地对待每一位受众，平和地接受不同观点，平等地看待不同文化，平静地面对各种挑战。真诚，能跨越语言和地域界限；平和，为对话搭建桥梁；平等，确保尊重与理解；平静，让理性始终在场，使文化传播之路行稳致远。持有这颗真诚、平和、平等、平静的心，文化竞争才会变成文化交流，文化碰撞才会转化为文化融合，共同编织多彩的人类文明图谱。

我想用一位西方艺术家接受中国艺术的例子，来说明文化传播需要这颗真诚、平和、平等、平静的心。

中国美术馆藏有一件西方现代艺术巨匠毕加索的水墨作品，这幅作品由单纯的线条和墨块交织构成，显然受到了东方水墨写意绘画的影响，不由让我想到了国画大师吴昌硕。很多人看了这幅作品以后感觉很奇怪——怎么毕加索画水墨？其实他受到了吴昌硕的影响。坊间流传一个毕加索与齐白石的故事。20世纪50年代，毕加索在法国寓所接待来访的中国画家张大千，他搬出五大本画册的上百幅作品给张大千欣赏。张大千发现，这些用水墨创作的作品，无论是笔意还是画风，竟与中国齐白石、吴昌硕等艺术家的作品形神俱似。毕加索也在被邀请访问中国时风趣地说：“我不敢去你们中国，因为中国有个齐白石。”其实，除了中国艺术之外，非洲艺术也对毕加索产生了深远影响。他最负盛名的作品之一、立体主义代表作《亚威农少女》，其中人物的造型灵感即源于非洲木雕。

那么，毕加索为何推崇中国艺术和非洲艺术呢？在很大程度上，我觉得毕加索是一个吸收了人类文明所有精华的、具有海的胸怀的大艺术家，因为他不仅仅从古希腊文明当中、从古罗马文明当中吸收了很多精华，同时也向现代主义当中所有的艺术流派认认真真学习了一遍。毕加索举世闻名，齐白石和吴昌硕还只是中国的、东方的，而一些非洲的艺术家，当时还不被世界所认可。他为什么这样去学习呢？因为他在学习其他文明的过程中有一颗平静的心，所以他的艺术才具有世界性。

由此不难看出，在一颗真诚、平和、平等、平静的心面前，所有文化呈现的样子、发出的声音、讲述的故事都能够被看见、被听见、被感受、被接受，即便不是主动去传播，也能润物无声地发挥影响。

最后，我们谈谈“一个魂”，一个珍爱和平之魂。和平是中华民族自古以来追求的崇高理想，也是中华优秀文化中最为鲜明的主题之一。从儒家的“仁爱”思想到道家的“无为”，从佛教的“慈悲”到墨家的“兼爱非攻”，中华优秀文化中蕴含着丰富的和平理念与智慧。在当代，这些理念对于构建人类命运共同体、促进世界和平与发展的价值不可估量。

现代以来，伟大的艺术家都不约而同地呼唤和平、表现和平，留下了很多经典佳作。如毕加索的《格尔尼卡》《和平鸽》和齐白石的《百花与和平鸽》就是其中的代表性作品。毕加索是西方的，齐白石是东方的，他们的和平鸽都向着同一个方向，中国美术馆还收藏了毕加索、齐白石几乎相同年龄所创作的表现和平的重要作品《带鸟的步兵》和《和平鸽》。

这是毕加索的《带鸟的步兵》，这上面有一个和平鸽，它是站在利箭的靶子上的，让利箭不要去工作。有趣的是，1949年召开的世界和平大会上，毕加索设计的和平鸽成为会标。6年后，齐白石荣获国际和平奖，奖状上的标志就是这只毕加索笔下的和平鸽，而这也成为两位艺术大师珍爱和平之魂的一次“神遇”。

再以我本人的经历为例。上个月，我跟随宋庆龄基金会出访欧洲，其中一项活动是将我的雕塑即我们开头说到的那件《天人合一——老子》，正式交接给距今已有195年历史的希腊国家考古博物馆，这个考古博物馆是人类历史上最重要的博物馆之一。自此，老子走进了“神圣祭坛大厅”，与那么多的希腊诸神在一起，今后，我们到希腊去看希腊诸神的时候，老子也巍然屹立在那里接受世界人民的敬仰。

我觉得文化交流中更重要的是交流，我们要走得动、走得远、走得深，就是要以心灵对话，这就是心灵的对话。老子的“天人合一”思想在希腊这样一个重要的地方，通过这个雕塑影响了世界。所以，对于中华文化的传播，在“三个一”的方式方法和理念下，我们不断向世界讲好中国故事。

中国海洋大学的朋友们，让我们一起携手，以海洋般的胸襟广纳人类一切璀璨的文明成果，融入我们的创造，酝酿出属于我们这个时代的中华优秀文化并传播于世界！

谢谢大家。

求知者的新风险

韩少功

韩|少|功|简|介

韩少功，国家一级作家。曾任海南省作协主席、海南省文联主席。主要作品有短篇小说《西望茅草地》《归去来》，文论《文学的根》，中篇小说《爸爸爸》，长篇小说《日夜书》《马桥词典》《修改过程》，长篇随笔《暗示》《革命后记》，长篇散文《山南水北》，散文集《人生忽然》。曾获全国优秀短篇小说奖、上海长中篇小说优秀作品大奖、鲁迅文学奖等。

眼下的机器人似乎越来越“聪明”了，但挪威一家著名的研究中心不久前发现，在义务兵役入伍者的历年测试中，该国男生的平均智商反而一直在下滑，年度降幅竟可高达7分。法国国家卫生院2020年发布的德斯穆格报告，以十几个国家的数据，再次确认人类平均智商出现了隔代下行。这不能不引起困惑：人类正在与机器人反向而行吗？在一个高歌猛进的高科技时代，高学历者的人口占比越来越大，连娃娃们的书包都越背越沉，不断被父母送入这个或那个学习班，人类的智商水准怎么会不升反降？

值得注意的是，这些情况大多发生在已发达或准发达的国家。这也许并不奇怪。人们常说“知识改变命运”，仁人志士曾拼命学习，谋求改变民族和国家的命运。他们所怀的高远志向和宏伟抱负是一种高端动力。往低端说，哪怕只是求温饱、谋生计、“书中自有黄金屋”，要改变个人和家庭的命运，那也是一种动力，能让很多人悬梁刺股、卧薪尝胆。但不幸的是，对于眼下不少人来说，这两种动力可能都减弱了。保种强国的危亡之痛早已远去，个人和家庭也早已小康甚至大富，新一代“躺平”和“啃老”也能混得下去。那么，为什么还要学？为什么今天偏要寒窗苦读而不去吃喝玩乐，有什么能说服人的理由吗？

孟子言“死于安乐”，也许说得过于严厉。但懈于安乐、惰于安乐、庸于安乐至少是一种大概率的富国综合征。与此同时，互联网技术带来汹涌澎湃的信息过剩，对人们如何筛选知识、鉴别知识、消化知识、运用知识，形成了前所未有的挑战。若应对有误，很可能溺于海量的泡沫甚至垃圾，不是开卷有益，而是开卷有害，以至于越读越迷茫，越读越低能，越读越厌学。这就是说，一方面是学习动力趋弱，另一方面又叠加知识产品暴增，已构成了新的双重压力，催生了当下一种陌生而普遍的“读书难”——各种读书日、读书周、读书月的花式劝学活动五花八门，不过是这一迹象最为可疑的反向证明。

显然，有几种新的风险正在我们身边悄悄集聚。

一是碎片化。一个所谓信息爆炸的时代，知识浩如烟海且泥沙俱下，需要我们善加筛选，否则就可能把零食当主食，拿零食来暴食，最终吃坏肠胃和危害生命。网上有个词叫“知道分子”，就是指那种有“知”无“识”的人，各种“八卦”“鸡汤”装了一肚子，在具体生活和工作中却百无一用，无法聚焦、发现、清理、把握任何一个实际问题，更谈不上破解问题。谁都知道，人类肉眼聚焦的正常状态是，焦点区特别清晰，聚焦区以外的视野相对模糊，一个求知者也应该这样有所为和有所不为。该模糊的要模糊，该简化的要简化，该忘记的要忘记，以便实现知识储备的组织化和集约化，五个指头组成一个拳头，以破解那些最重大、最紧迫、最艰深的问题，从而推进知识的创新。否则，我们就可能被社交媒体投喂各种明星绯闻或要案秘闻，最终被投喂成一个个信息垃圾桶。

二是功利化。求知当然是讲求功利的，学以致用完全正当。但功利有眼前或长远的、直接或间接的、群体或个人的诸多差别。在市场条件下，对于个人来说，有的知识变现能力强，有些知识则不是。这就像人们经常把知识比喻成一棵树，树茎、树根、树叶、树枝都不好卖钱，只有结出来的果品好卖钱。但如果我们只要苹果，把其他统统砍掉，苹果从哪里来？还会不会有苹果？这就是说，只有变现能力强与弱的知识共同组成有机整体，才会有各种可持续的知识树。摘果毁树，一如杀鸡取卵，这样的“精准读书”或可得一时之利，却只会让人们离知识越来越远。如果学生最大的功利只是应试，教师的最大功利只是升职，包括发论文、上C刊、拿项目，大家都走捷径，都跳过过程直奔结果，那么必读得百般焦灼和痛苦，所学知识也会迅速归零。那些不是出于兴趣也从不实用的苦苦刷题，比如孩子们的应试英文，一年半载之后谁还记得几句？那种学习是不是失败和浪费？

三是偏食化。现代社会里的专业细分，需要各种术业有专攻的人才，需要学子们首先在校园里掌握过硬的专业知识。但这种合理要求，并不意味着各个分支应互为壁垒和分头“内卷”，更不支持科学只认逻辑、艺术只要感觉之类的专业误解。专才与通才只是相对而言。好的“博”，常常需要“专”来引导和拉动；好的“专”，也常常需要“博”来滋养和支撑。相反，读书一味“偏食化”，必造成严重的营养不良，更是自弃人之为人的精神自由和人生乐趣。只读诗歌和小说，这种人肯定当不了好文人——这是陆游说“功夫在诗外”的应有之义。不借助隐喻、类比、直觉、灵感、无意识，不善于从其他专业乃至另类维度汲取能量，科学家也很难破解逻辑困局——这是科学史反复讲述过的故事。有些人在世俗生活中的偏执人格和极端观念，更是偏食“信息茧房”的后果，最终只能陷入“近亲繁殖”和“同性繁殖”的知识退化。

最后是高仿化。所谓高仿，就是以假乱真，以次充优，生产各种知识赝品。眼下的知识产能太大了，一个博士至少写一本，一个教授少不了写几本，人工智能还可能爆炸式地推出成千上万的仿博士和类教授，加剧了鱼龙混杂的市场的混乱。古人靠一本《唐诗三百首》或一套《昭明文选》就足以推进文本优选工程，但现在已远远不够用了。即便是危害不大的快餐文化和泡沫文化，也会无端耗费我们的时间精力，说到底也是一种“害”。资本和权力的入场，更可能闹出不少假文凭、黑评奖、注水职称和头衔，闹出鸡毛上天的气势汹汹。在这种情况下，为了珍惜自己的时间和精力，保护自己正常的心智，在阅读中逐步培养自己的警觉性和辨别力，拒绝那些假书、伪书的“智商税”，拒绝那种“追星”“饭圈”似的随波逐流，对于求知者来说都迫在眉睫和生死攸关。进一步从根上说，去粗取精的最好方法其实是知行合一。孔子说“学而不思则罔”，王阳明说“知为行之始，行为知之成”，那么带着问题读、联系实际读，在各种知识之间善于联系、善于比较、善于质疑、善于刨根问底，才可能让我们一次次避开或走出知识的迷途。

生活是一本大书，实践是人类唤醒、滋养、提升智能更重要的课堂和学历。全球最大的人力资源管理咨询公司叫麦卡锡，其老总说过，他用人的最重要标准有两条：第一是Hungry，即“饥饿”，意思是一个人要成才，首先得经历艰辛困苦，也就是前面说到的学习要有动力，要有刻骨铭心的痛感记忆，其中领教过Hungry的人可能占有天然优势，多了人生的一大笔财富。第二条是Street Smart，可翻译成“街头智慧”，其中“街头”当然只是一种隐喻，意思是从实际生活中一路摸爬滚打出来的人，最善于实干的人，最可能生机勃勃，富有智慧和能力。他说的这两条，从另一个角度呼应了中国先贤所说的“生活即教育”和“实践出真知”。我们今天重新提到这些，也许并非多余。

面向中国式现代化的人才培养与科技创新

薛长湖

薛|长|湖|简|介

薛长湖，水产生物资源高效利用专家，中国工程院院士，中国海洋大学教授、食品科学与工程学院名誉院长，海洋食品加工与安全控制全国重点实验室副主任。教育部“长江学者和创新团队发展计划”创新团队负责人，全国首批黄大年式教师团队核心成员，泰山学者攀登计划特聘专家。发表重要学术论文350余篇，授权发明专利89件，制定、修订5项国家/行业标准，出版学术著作及教材6部。获国家科技进步奖二等奖2项、省部级科技奖励5项。获山东省先进工作者称号、全国优秀科技工作者称号，享受国务院政府特殊津贴。

尊敬的王蒙先生、田辉书记，各位专家、各位同仁、各位老师、各位同学：

大家上午好！

特别荣幸有机会与大家分享我自己的思考。今天的题目很难回答，但是首先要说的是，特别羡慕在座的同学们，我上大学是在40多年前，那时没有这样的机会能够聆听到王蒙大师和各位专家、院士给我们上科学人文课。因为我是做水产品加工研究的，大家听起来觉得这个专业比较陌生，但它和我们的生活是密切相关的。当然我们讲的是物质食粮。刚才听到我们的工业革命需要的是能源，也就是石油，但是对于生命，要想活着、要想长寿，就需要食品。

我们正步入一个全新的时代，人工智能、大数据、无人驾驶汽车以及飞行汽车等技术不断涌现。但是我想，每个人最重要的目标之一是“活到120岁”，这个是不是要放在第一位？

我今天向大家介绍的内容是科技创新和人才培养。这里所指的人才培养是国家战略人才的培养，高等教育的人才培养可能不是我讲的内容。巧合的是，习近平总书记在访问合肥滨湖科学城时，也讲到中国式现代化的核心是科技创新。但是每个人对科技创新的理解还是不太一样的，我们这里讲的人才培养，是“科技是第一生产力，人才是第一资源，创新是第一动力”中的人才培养。

大家看这张图，它原来是三角形，我把它变成了一条路的形状，方便大家看得明白。未来你们如果从事科技或者从事科学研究，将会面临这条曲折的路。正如韩少功主席所言，如果你没有饥饿、没有刻骨的痛，是很难进步的。大家看这张图，同学们或许觉得离得相对比较远，这是我们国家战略人才的队伍，从青年托举工程开始，从博士后开始，你就开始走向了科研创新的这条路。这是一条什么路呢？是崎岖的路。图片右侧，从博士后开始，第一个是青年托举工程，接着是“青年长江学者”“海外优青”等，然后是“长江学者”“万人领军”等，之后是两院院士，最后是最高科技奖。

为了便于理解，我把它描述成我们人生当中会遇到的挑战。在座的同学有些学过弹钢琴，知道有十级考试。如果说十级相当于在座同学们的水平，那从十级到最高奖就有一百级考试，这里的级别不是讲人的层次，而是讲队伍的培养过程，需要经过从现在什么曲子都能弹出来的十级水平，到最后可以自己创造出世界闻名之作的过程。

为什么我们说学无止境？在这条弯曲崎岖的路上，我们国家需要什么样的人才？同样的，在高校，人才培养需要我们做什么？我的答案有这三类：一个是战略科学家，一个是科技领军人才，一个是青年科技人才。大家注意，这三个词都有人才的概念。

首先是战略科学家，比如麦康森院士提到的深远海养殖和透明海洋，这是从战略的角度来看。战略科学家要有家国情怀，要有团结他人的组织能力和跨学科的能力。

第二个是科技领军人才，需要深厚的基础，需要非常丰富的经验，在某一个领域非常突出，要统领人员来做事情。

第三个是博士后出站后要解决的问题。博士是国家科技创新的主力军，是我们的青年科技人才。今年科技创新大会以后，有几个对科技创新的新规定，老师们可能比较熟悉。一个是我们的重点研发计划人员必须是60岁以下的，去年的规定是60岁不能作为项目组负责人，但是今年规定，在这个项目结束期之内到达60岁也不行，假设项目需要三年完成，那么申请的时候满57岁也不行。重点实验室的主任要低于50岁、副主任要低于45岁，这告诉我们什么信息呢？在科技创新当中，青年科技人才将发挥越来越重要的作用。

下面我用屏幕上的这张图来回答什么是战略科学家、什么叫科技领军人才、什么是青年科技人才。

提到粮食安全，在座的同学可能对这个问题没什么概念。但是对国家来说，粮食安全是国家战略当中第一位的。粮食安全有几个层次，和环境、生物、农业以及信息化有关。我是从事农业的，农业下面有多少分级呢？有种植业、畜牧业、渔业、林业。以渔业为例，我们中国海大水产有养殖、捕捞、加工等方向。同样，假设你从加工学的博士毕业，以后可以走到青年科技人才，可能还会做到科技领军人才。

如果我们从青年科技人才开始，博士后出站以后发展到副教授、教授，想成为战略科学家，要花多长时间？我现在还不是战略科学家。我认为，大概最少需要20年的时间，这个时间是不可超越的。当然了，有些人会跳级，可能从青年科技人才直接成为工程院院士，这是两回事，我们讲的是普遍规律。我们说的一个重要部分，比如做博士论文，最后做到战略思维的时候，必须跳过这一级。青年科技人才、科技领军人才、战略科学家这三者之间也存在着联系。什么联系？你不能成为行业的领头人物，怎么做行业的规划？没有整个行业的规划，怎么有农业的规划？我们国家的农业有着怎样的现状？农业为什么这么重要？

这主要有两部分内容。一是基础研究，从事论文写作的，原始创新，从“0”到“1”。第二是技术创新，从开发出一个技术，到变成产品，这是两个不一样的路径。就像中国海洋大学有理工科，实际是理科和工科，但是它的评价方式是不一样的。比如工科的教授一定要有基金，这个基金要用来干什么？就是让工科的老师去发表论文，一个基金发表10篇论文。可是我现在发表了30篇论文，按照要求是不可以当教授的，还需要按照能力的评价。

现在都在讲“破五唯”“立新标”，实际上，我们的人才培养里面包括战略科学家、科技领军人才和青年科技人才。比如战略科学家需要培养和支持，但是对战略科学家怎么评价，又怎么激励呢？我们看青年科技人才，在引进、培养、支持、使用、评价、服务和激励等环节中，最重要的环节是评价。科技人才培养的评价，这是我们一直绕不过的话题，也是难题，这个事情怎么做？我们为青年科技人才创造什么样的生态？比如中国海大，我这里上的本科、硕士和博士，我们现在给在座的同学提供的条件是不是最好的？什么条件？实验条件、科技创新的条件、科技和人文交叉的条件等。

科技创新方面，关于科技成果转化，2021年我获得青岛市“最美科技工作者”时说了这样一段话：“科技成果转化是科技创新体系中的重要环节，科技成果到最后应用成果的转化之间是两万五千里。”

技术成果转化需要有十三级，我们通常停留在第一级、第二级、第三级的时候，就说作出了大的科技成果，这是很有意思的一个问题，是需要我们回答的。如果我们有明确的目标、有明确的技术，我们有“0”到“1”的突破，我们有“1”到“100”的成果转化，那我们的中国式现代化就指日可待了。

时间关系，我仅讲了自己一点小的感受，若有讲得不对的地方，请大家多提宝贵意见。

谢谢。

读史的意趣

卜　键

卜|键|简|介

卜键，研究员，文史学者，中国海洋大学国家文化和旅游研究基地主任，历任中国艺术研究院红楼梦所所长、《中国文化报》总编辑、国家清史办主任、国家清史编纂委员会常务副主任兼中国图书评论学会副会长等，已出版学术著作22种，发表论文、文章500余篇。1999年被评为享受国务院政府特殊津贴的专家，2012年当选全国新闻出版系统领军人物，2013年担任国家重大社科项目《清史·边政志》主持人，2020年任国家古籍出版重大项目《清代教育档案文献》主编。

王蒙先生、田辉书记，在座的各位学者、老师和同学：

大家好！

我的专业是古代文学，具体一点是古代戏曲和小说的研究。2010年，我被调到国家清史编纂委员会，不仅打开了一个新的领域，也进行了一番苦读和恶补，获得了新的认知。读史的范围很广，但我今天主要是讲阅读的深度，读原始史料，比如当中的朱批奏折，在国家第一历史档案馆存了几百万件，像户部、刑部的提本，读起来有一些难度。但是随着领悟的逐渐深入，我们也能感受到历史的温度，从这些里面看到品格性情。

今天讲的内容涉及一次御前会议，也就是从康熙十八年（1679年）秋的一次御前论辩谈起。我会举一个具体的例子，并引证一段文字。考虑到今天在场的同学学科不同，我会对此做一些解说。

一是风闻言事。这里要解释一下，这是帝制时代朝廷给予言官的一种特权，他们可以将听到的一些风声上奏，不需要提供消息来源，不需要提供揭发人的姓名，即便后面经过审查证明是失实的，也不需要承担责任。这个制度在晋代的时候已经形成，以后各朝都有沿承。

清代在入关以后对于明朝的亡国原因有两条主要的总结，一是太监篡权干政，一是言官结党营私。言官指的是科道官，他们有专折弹劾的特权。

在顺治十三年（1656年），朝廷出台了一个规定："凡有论列，须从国家起见，毋歧方隅，毋立门户，毋洩己私忿，毋代人诬陷，毋以风闻辄告，毋以小过苛求。""凡有论列"指凡是弹劾一些事情，必须从国家的利益出发，不要跑偏，不要有小圈子，不要泄私愤，不要替别人搞诬陷，毋以风闻辄告，不要苛求一些小事情，明确对风闻言事加以限制，但不是很死的限制。

顺治十八年（1661年）正月，此时康熙皇帝才八岁，有四个大臣辅政，他们也出台了一个条例，"嗣后指陈利弊，必切实可行；纠弹官吏，必确有证据；如参款虚诬，必不宽贷"，即以后言官来谈一些事情，必须切实可行。如果要弹劾某一个官员，必须有真凭实据，如果说得不对就要受到惩罚。

康熙十年（1671年）五月，康熙皇帝已经亲政了。都察院左都御史艾元徵上书，建议不许以风闻浮词擅行入告。康熙很认同，便传谕：“汉官中有请令言官以风闻言事者，朕思忠爱之言，切中事理，患其不多；若不肖之徒借端生事，假公济私，人主不察，必至倾害善良，扰乱国政，为害甚钜。”这是前面做的一点铺垫。

康熙十八年（1679年），北京发生了一次强烈的地震，那时一些城楼、宫室和民居倒塌了。而在大震刚刚停下、北京尘土飞扬的时候，左都御史魏象枢飞奔入朝，见了康熙皇帝，奏曰：“地道，臣道也。地道不宁，乃臣子失职之故。臣子失职，乃臣不能整饬纲纪之故。臣罪当先死，以回天变。”意指地震是臣子不忠所致，自己负责监察，要承担责任。魏象枢说着就泪如雨下。康熙和左都御史魏象枢谈了很久，最后出台了几项整治的措施，很细化但也很细碎，措施出来以后不满意度很高。

地震之后，康熙降诏求言，若哪一个级别的大臣要谈现在出了什么问题，大多数都是一些空话、套话。吏科给事中姚缔虞言：“科道乃朝廷耳目之官，原期知无不言，有闻则告。已故宪臣艾元徵有请禁风闻条奏，从此言官气靡，中外无顾忌矣。……伏乞敕下在廷诸臣会议，嗣后如有矢志忠诚、指斥奸佞者，即少差谬，亦赐矜全。”将贪腐滋蔓归结为缺少监督，将监督不力归因于言官有顾忌。

八月二十六日，康熙特别颁发谕旨，核心就是风闻言事，对姚缔虞批驳了一通，“如今之章奏已见施行者，虽不明言为风闻，何尝不是风闻？今若开风闻之条，使言事者果能奉公无私，知之既确，言之当理，即当敷陈，何必名为风闻方入告也？”意思是如今之章奏已经你们实施，虽然不明说是风闻，实际上也是风闻，我允许了，如果非要开这一条，这个要谨慎，因为有的人是为公的，有的人是为私的，为私的人很多，所以还是要有要求，还是不能够开放这一条。

康熙虽然批评，但是他是一个明君，还是决定召开一次御前问对，让九卿、科道官也来。我们知道，古代有官员专门记录皇帝每天做的政事，涉及生活的基本不记。我给大家过一遍这段对话。皇帝召见众官，大家都表态同意皇帝的意见，没有人反驳。皇帝又说了几句，这时就让姚缔虞上前面来，说："言官应该风闻言事，你讲讲你的意思。"姚缔虞说："我只知道为朝廷，言官是朝廷的犬马，如果对言官宽松一点，他就敢说话。"康熙说："我什么时候处分言官了？"姚缔虞说："你没有处分，但是有一个处分的条例，大家还是不敢说。比如养狗是防盗的，如果不让这个狗叫，小偷就没有什么顾忌了。"康熙说："人臣为国不择利害，死都不惧，还怕降级吗？你们都爱说风闻言事，我也有风闻，比如当时正是在平定三藩叛乱，吴三桂一起兵，就有人把家属送出去了。朝里面还有一些贪官，你们弹劾了吗？你们举报了吗？"姚缔虞说："并不是说言官说错了不该处罚，希望皇帝能辨别真假，如果言官一心为公，也希望皇帝不要处分。"这时，康熙开始尖锐了。康熙说："你去年到江西出差，我就听说你在那里做得不怎么样。这是风闻，是真的还是假的？"姚缔虞说："我是八月初五到江西的，我九月初九离开了，没做什么不好的事。"康熙说："收钱还用很多时间吗？"这个非常尖锐。姚缔虞说："实在不敢。因为科道官的级别很低，责任重大，又有处分条例，所以大家不敢为朝廷、为皇上指奸斥佞，但是我们听明白了，以后我们就敢了。"康熙说："言官奏事，应该管国家大事，不要做细碎的无关紧要的事情，以后不要拿零碎的事情来充数。因为每年有定额，不上奏折也不行。如果有大奸大恶大贪参劾得实，我肯定要处分。"

多年以后，南书房翰林徐乾学追述了当年的情景。姚缔虞后来仕途很顺，其实通过一句一句的论辩，康熙皇帝已经喜欢上他了，很快就升了他的官，不久就让他做了巡抚。多年以后徐乾学给他写墓志铭的时候说："当时那个场景大家非常紧张，大气都不敢喘。随着姚缔虞的反复论辩，就看皇帝的脸色越来越和悦，本来是生气的，要教训他。看到这个情形，大家都很开心。而且康熙皇帝最后说：‘你到我的案边来，看看桌子上你说的东西我都读了。’然后告诉他：‘你去把今天的情形记下来。’”像这段记录是本人记的，是康熙给了他特权，让他去记的。

我谈一点个人的体会，读史重在认知事件和人物的复杂性，认知人格的缺陷和人格的魅力。通过这样一件事情，我们可以寻找、看到当事者的品德性情，这一次的君臣对话绝非常见的现象。常见的现象是在皇帝那里大气都不敢喘，皇帝说的什么都没有听清楚。这次对话为什么让我感触很深？因为这一段对话当然谈不上反驳皇帝的话，但是他坚持要把事情说完、说清楚，我们可以看到包容的胸襟，这指的是康熙皇帝。他还是一个明君，尽管那个时候只有25岁。康熙皇帝很容易生气和上火，就有这样的例子，他去上书房看看孩子是不是好好上学，发现孩子在那儿乱跑，就很生气，当场找人把老师打了一顿。所以这件事也体现了康熙包容的胸襟和倾听的态度。姚缔虞尽管级别很低，但是体现出真实的勇气，他们双方互相理解，所以“风闻奏事”这种情况，不是一个单一的结论，我们不要力图对历史上的事情做单一的解释。

历史叙事的核心应该是人和人性，因为历史是人类的历史，当然我们可以研究物种的历史、海洋的历史、地球的历史，但是我们通常谈的还是人类的历史。在有记载的几千年来，思想、文化、社会制度、物质条件、生活方式的变化极大，而人性的变化很小，我看不出孔子时代的人性和我们今天的人性有根本的区别。所以评判的标准仍然是善恶正邪，这也是经典的意义。王蒙老部长写了很多关于儒家经典的著作，我都在看。这是经典存在的意义，这也是读史的意趣，因为读到这些的时候，我会觉得心里很满足，会很有体悟。

谢谢大家！

构建“科技教育与人文教育协同”模式支撑强国建设

马陆亭

马|陆|亭|简|介

马陆亭，中国高等教育学会学术发展咨询委员会副主任兼秘书长，中国教育科学研究院研究员、原副院长，教育部教育发展研究中心原副主任兼学术委员会主任。主要研究领域为教育发展战略与管理政策，参加国家政策调研任务、规划编制、文件起草、重大评审及主持重点研究项目多项。在国内外发表论文400余篇，其中数十篇被《新华文摘》和中国人民大学复印报刊资料等全文转载。

谢谢邀请。我非常荣幸，不是客气，因为我不是科学家，也不是真正意义上的人文学家，我只是一个教育研究工作者。今天上午听了半天，收获非常大，先祝学校蒸蒸日上，也祝论坛越办越好。

今天这个题目实际上是抽取了文件里的一段话，就是“科技教育与人文教育协同”，包括“强国建设”。大家应该知道今年9月份开了全国教育大会，奏响了教育强国建设的主旋律。之前召开的党的二十届三中全会，在《中共中央关于进一步全面深化改革、推进中国式现代化的决定》里面提到这么一句话——“强化科技教育和人文教育协同”，这句话在什么地方呢？在“深化教育综合改革”的部分，这句话在这段描述里面是最短的一句话。为什么短呢？它后面为什么不接话呢？因为有待深入研究的问题还很多，所以接什么话感觉都不合适。所以这里我就想，王蒙先生和管院士在20年前提出创办这样的论坛，是非常伟大的。这个问题时值20年，它的生命力依然是存在的。

今天我讲三个问题，第一是时代在“升维”，第二是科技和人文，第三是结合我自己的研究，讲讲素质教育。因为只有15分钟，实际就是谈观点，我把这几个观点摆出来。

第一个是时代在“升维”发展。

这个“升维”是我自己提出来的，我说世界再次开启了“升维”的通道。为什么说“再次”呢？因为产业革命是第一次，世界从农业社会走向了工业社会，进入工业时代，一定要想到我们中国是挨了打了。峨眉派、少林派包括崂山道士，就相当于“冷兵器”，到最后“热兵器”来了，这就是“升维”，看到“升维”就会想到“降维打击”。

现在我们开启了从工业时代向数字时代的转换，未来就是创新取胜的时代。面对这样一个转换，我们对外的竞争性增强，对内则是要求和谐。在这里面有两个因素：一是数字时代的到来，有无限的可能，是一个新的时代，未来，“思想 + 技术”可以实现一切。二是国际战略竞争加剧，我有一句话，经济全球化开始向利益割据化转变，因为经济全球化，原来的自由流动阻塞了。实际我更想说的一句话就是，世界已经开始向“拉帮结派”转变了，所以要坚持科技创新。

第一轮和第二轮产业革命经过蒸汽机和电气化，解决了动力的问题，进入工业时代。

经历第三轮以科技创新为牵引，再经历以人工智能为牵引，这时候进入数字时代。简单地理解数字时代，就是我们的形态发生了变化。现在的形态，是我们现在所见到的三维空间里面叠加进去一个数字空间。有的时候说你们在这儿玩手机，这个东西也不叫玩，因为你在另一个空间里。我们现在这个社会就是处在两个空间里，整个形态发生了变化。农业社会是村落和农耕经济，工业社会是城市和工厂，现在是两个空间，在这里很多东西的形态都要变了，形态就是状态，学习的状态也会发生变化，此处不展开论述。

所以，在“升维”面前，存在着机遇和挑战。如果谈机遇，我们讲世界百年未有之大变局，这里面的科技革命力量很强，教育发挥着基础性、决定性作用，国家也很重视，这里面的机遇大于挑战。如果谈挑战大于机遇，就是将来另一个空间是空白的，很多东西要往里面填，谁掌握了底层技术，谁就占据了阵地。

第二个，谈谈科技的硬实力和人文的软实力。

硬实力是可以直接使用的强力，比如说战争就是表现硬实力的，经济和军事都是硬实力。软实力是什么呢？是润物无声的，它有力量，但是它并不一定直接显现出来。从这个意义说，刚才说的军事、经济是传统的硬实力，文化教育是传统的软实力。近现代以来，随着科技革命的不断发展，科技重要性越来越凸显，科技逐步成为硬实力。所以我在文章里写了这么一句话，我说：“国家的综合国力表现在经济和军事上，体现在科技和人才中，根植在文化和教育里。”

科技和人文就是现代化强国建设的两翼，机之两翼，车之两轮。咱们论坛的发起者是非常英明的，科技助力个人发展，广大同学要学习科技，推动社会进步。人文有什么作用呢？提高我们的幸福感，也增强社会的凝聚力。面向未来，创新发展和共同富裕的重要性不言而喻，说句直白的话，不创新就要挨打。从世界范围内看，这个道理也是赤裸裸的。但是，如果我们人文上不去，那就会影响共同富裕，尽管共同富裕有经济的因素，但人文因素作用也很大，因为它是构成人们幸福感很重要的东西，是社会主义发展和中国式现代化的本质要求。所以，不走共同富裕之路也很难实现社会的和谐。

这里面就是文化了，科技已经是硬实力了，文化是短期的软实力和长期的硬实力。为什么是短期的软实力呢？因为在短期内有时候它看似无用，比如说南宋是艺术的高峰，皇帝都是吟诗作画的高手，但是却遭遇了亡国。短期内的软实力在硬实力的碾压下往往不堪一击，但是放到历史的长河里，软实力却又那么韧性十足。

教育是什么呢？我写了篇文章，教育是硬的软实力，为什么这么说呢？党的二十大报告里面，第三部分谈了我党的中心任务，第四部分谈了首要任务，第五部分在该怎么干的时候谈到了教育。我们经常说，谈到第五部分是该怎么干，任务说完了，就是谁去干。教育、科技、人才。所以教育的本身不是直接显现的，它依然是硬实力，它可以通过科技、人才传递到经济社会中发挥作用。所以我们现在走的路是三者一体统筹，它现实上是“软”的，但是它的“硬”体现在长期发展的支撑、生产力要素的增值以及社会文明的进步上。所以，现在国际竞争，包括美国对我们的制裁，实际体现在科技上，包括留学，为什么现在学理工科的很难，学人文的还可以呢？因为人文可以接受那样一个软实力，而科技的硬实力，通用性是很强的。

这是我想说的第二个方面。

第三个方面，我们该怎么办呢？这就要谈到素质教育。

素质教育是我们中国提出的概念，我自己琢磨，它融合了科技和人文。因为当时在基础教育阶段提倡素质教育，主要是针对应试教育。可是高等教育呢？素质教育就是要提高理工科学生的文化素质。当时清华大学、华中科技大学因为理工科学生学得比较累，并且比较单一，所以增加了提高人文素质的活动或者讲座。之后素质教育成为提升国家创新力、提升国民素质的指导性教育思想。1999年召开的全国教育工作会议，通过了《中共中央 国务院关于深化教育改革，全面推进素质教育的决定》，以提高国民素质为根本宗旨，以培养学生创新精神和能力为重点，给予了素质教育极大的肯定。

我想，素质教育本身就融合了科技教育和人文教育，但是只是融合，没有达到现在中央文件里所谈到的协同。为什么这么说呢？比如从华中科技大学来说，它有人文讲座，但是我们不能把素质教育简单理解为"吹拉弹唱"，只是针对理工科学生这方面的不足。所以说，素质教育对学生个人而言，体现着对专业教育不足的改善；对学生群体而言，体现着对提高培养质量的针对性解决；对整个高等教育而言，就是提高国民素质。所以它是融合的，但是它还没有走向协同。

所以我就在文章里写了这么一句话，"素质教育需要有实现路径和教育模式"。因为刚开始确实是针对问题提出来的，然后以这个为目的来安排教育过程。但是，它落地有距离。既然有距离，我通过研究就感觉到，强化科技教育和人文教育协同是前进的方向。具体来说，就是在专业教育的基础上推进全面发展。

最后，为什么以专业教育为基础进行全面发展和推进素质教育呢？我们首先从《中华人民共和国高等教育法》说起，《中华人民共和国高等教育法》规定，高等教育的任务是培养高级专门人才。培养什么样的人才？培养具有社会责任感、创新精神和实践能力的高级专门人才。就是你不要彷徨，你首先要成为高级专门人才。但是在这个培养过程中，肯定是有缺陷的，你有科技能力的时候、你太专业的时候，你不注重人文精神。这就是过去为什么提出加强对理工科学生的人文素质教育。但是你太人文的时候也得补补科技，这也是现在为什么国家在新文科建设中，特别重视对人工智能技术的引进。

所以，我在文章里写了这么一句话，“专业学习是根”，在座的同学首先要把专业学习做好。如果专业学习做不好，你说你是人才，我是不相信的。因此在这个阶段你们还是要好好学习，然后建立起这样的能力结构。当然，这样的能力结构是需要学校帮助你建立的，这就是课程设置。这个结构包括科技和人文。所以我们可以协调两种教育思想，当专业教育思想过于狭窄的时候，我们可以加强通识教育；当通识教育里面太泛泛而不够专业的时候，又要加强专业学习。

所以，我在这儿得出的结论是，通过强化科技教育和人文教育的协同，培养创新人才，达成以专业教育为基础的全面发展，最终实现基于专业教育和通识教育相结合的素质教育。

谢谢大家。

关于教育与创新能力关系的思考

麦康森

麦|康|森|简|介

麦康森，水产动物营养与饲料专家，中国工程院院士，中国海洋大学教授。1982年毕业于山东海洋学院水产系。1995年获爱尔兰国立大学动物学博士学位。曾任中国海洋大学副校长，教育部“长江学者奖励计划”特聘教授，国家杰出青年基金获得者。

现任世界华人鱼虾营养学术研讨会学术指导委员会主席、国际鱼类营养学术委员会副主席、国际鲍学会理事、中国高科技产业化研究会饲料分会理事长、中国侨联特聘专家委员会副主任、中国农村专业技术协会副理事长、中国饲料工业协会副会长。

此次论坛的主题是“教育强国与中国式现代化”。我是一名大学教授，但确实不懂得何为教育。教育是一门科学，我当大学老师之前也没有上过教育学这门课程，所以在这里我专门挑一些自己不懂的问题请教大家。

我想一个人首先要有反思能力，反思是生物进化的重要标志，无论是个体、单位，还是社会、国家，都必须有反思能力：我们做什么是对的？我们这么做对不对？我们中国文化讲“吾日三省吾身”，经常要考虑自己的所作所为，我们国家拥有五千年的历史，什么地方做得对，什么地方做得不对而需要改善呢？

大家知道我们的强国建设，创新是灵魂，我之前谈的是教育和原始创新的关系，那么教育能不能原始创新？首先，我要肯定中国的教育。中国是一个重视教育的国家。1949年之前，全国文盲率高达80%，农村地区的文盲率甚至达到95%以上，脱盲工作为国家发展和进步奠定了坚实的人文基础，成就举世瞩目，这一点也不过分。同时，我们用70多年的时间使数亿人脱贫，使国家从积贫积弱到繁荣富强，成就震撼世界。毫无疑问，这两组数据都说明了一个问题，就是教育和GDP的关系，我国的GDP从1978年的3000多亿到2023年的126万多亿仅用了45年的时间，可以看出，教育的作用是非常大的。当今中国确实是一个教育大国，但不是教育强国。世界上最大的两个国家——中国和印度人口都超过14亿，但是在联合国开发计划署人类发展报告中,2018年中国人均受教育年限为9～10年，真正来说，和发达国家的15～16年还差得很远。另一个数据，就是12岁以上受高等教育人口的比例，我们的邻居韩国达69%，但是我们排在世界的第23位，为35%，因此，我国已经是一个教育大国，而非教育强国，仍然有巨大的提高空间。想象一下，我们把平均受教育年限再提高5年，高等教育比例再提高20%，到55%，那时中国的创造力是不可想象的。虽然很多人觉得现在就业已经很困难了，但是就业问题不是学校来解决的，而是社会、政府来解决的，我们学校是培养人才而不是包就业的单位，不要把就业的问题压在大学身上。

所以，在全球主要国家25～65岁受过专科以上高等教育的人口里，我们国家的比例还是很低的，跟我们人口大国、科技大国的现状还是不相适应的，还有很大的空间。世界知识产权组织2007年起发布全球创新指数，中国从2012年的第34位提高到2022年第11位，进步很快。但是想想我们作为教育大国、经济大国，在世界上排在第11位，位置还是不够理想的。这是2024年的排位，我们看到中国的创新速度进步很快，但是进步的空间还有很大，或者说我们为什么还排在第11位？所以，我们既不能妄自菲薄、自暴自弃，也不能夜郎自大、自鸣得意，必须有一个清醒的认识。

教育关键的问题是是否能够做到原始创新。那么什么是原始创新？简单来讲就是从“0”到“1”的创新，集成创新是我们从“1”到“10”的创新，为什么我们会被“卡脖子”？因为我们从“0”到“1”的创新能力不强，所以我们就想一个问题，为什么我们被“卡脖子”？我们能不能“卡”别人？我们发现，别人用高技术“卡”我们，我们只能用资源“卡”他们。所以今天从“0”到“1”的创新和我们的文化、教育有什么关系？思考这个问题，就能想到被“卡脖子”的科技，就会变得紧张起来，18个领域都可能被“卡脖子”，问题是很严重的。所以，中国制造不像我们想象的那么强大，西方的工业也远没有衰退到依赖中国，所以这个清醒认识必须有。

什么是原始创新？就是前所未有的重大科学发现、技术发明、原理性、主导技术等创新成果，具有首创性、颠覆性、突破性，真正做到与众不同。中国的四大发明、长城、都江堰、大运河、“两弹一星”等，都不属于科学理论的原始创新，我们必须认识到这一点。但是，中国的原始创新为什么没达到我们期望的样子？中华民族聪明、勤劳、勇敢，但是为什么原始创新能力不足？有一个指数叫作智商，有人以英国学者理查德·林恩的智商研究为依据，认为东亚人的智商是最高的，中国人的智商平均值是105。

中国人这么聪明，又这么勤劳，为什么创新能力不足？思考和回答这个问题是现代中国知识分子的责任。有些人并不认可诺贝尔奖，但它一定是世界上科学界、技术界大多数人认可的标志性的奖项。1901—2023年，除和平奖以外，诺贝尔奖在世界上共颁发给了965人，其中华裔9人，占0.9%，中国有2人，占0.2%，和中国人口占全世界的18%~20%是不相称的。我们要思考一个问题，11个获奖者当中，9个人在美国，为什么会有这个差异？因为经济环境不一样，美国有的是钱，有大量的投入，但是除了钱以外还有什么问题？有文化的问题吗？

中国五千年的传统文化是璀璨的星河，闪耀着智慧光芒，它承载着民族之魂，源远流长、博大精深。我们有优秀的文化，这个毋庸置疑。但是所有的文化都存在糟粕、陈旧腐朽、低级庸俗、消极负面的因素。我们要思考一个问题，优秀的文化中是否也会有一些负面的因素影响我们的创新？凡事都有两面性，中国文化可能对于创新的影响在于缺少对“新”的追求，“新”就是与众不同。

中国文化提倡求同，中国一个大文化背景就是集体主义，举国体制是中国特色，我们最大的文化就是求同文化。我们经常讲求大同、存小异，比如东方人中左撇子很少，很多人幼时被强行矫正，不允许与众不同。我们从小就注重集体，统一意志、统一行动，这就是求同文化。

“听话的孩子才是好孩子”，这对我们的创新产生了很大的负面影响。在我们的认知当中，不听话的孩子可能是坏孩子，好孩子一定是听话的孩子。我在几十年的教育生涯中发现，太听话的孩子反而不如一些调皮的孩子有出息，大家琢磨一下。

应试与文凭（标签）文化在东亚文化里面是比较特殊的文化，尤其在中国，应试重记忆、轻能力，在一定程度上遏制了创新能力。

“枪打出头鸟”“树大招风”“人怕出名猪怕壮”，这些传统观念强化畏惧风险心态与从众心理，压制了创新环境，使人缺乏创新动力。

“官本位”思想仍然存在，以官职大小、权力高低作为价值评判标准，容易让人形成权力至上、等级观念，追求仕途，依附权力。人们做了一些国家的大学生对当公务员的意愿统计，英国0.9%，德国1.9%，新加坡2%，日本2.2%，俄罗斯19%，中国38.5%。根据智联研究院《2023年四季度人才市场热点快报》对历年国家公务员报考人数的统计，我国公务员报考人数直线攀升。这值得我们深思：为什么中国人这么喜欢当公务员？

用人文化。个别领导喜欢四平八稳、处事游刃有余、会“来事”的人，而有主见、有个性、有创新意识的人往往难入他们的“法眼”。

“一言堂”文化。我对儿子说：“我是你老爸，不是朋友。”一些社会组织、事业单位、企业、家庭搞“一言堂”文化，“窒息”了人们的思维和生机。

榜样文化。一种具有强大影响力和积极价值的文化现象，然而，这种文化不尊重个体的多方面发展，这种同化教育的结果是没有思想、没有个性、没有特色，千人一面。如此种种，其共性就是忽视和扼杀个性，而没有了个性，哪来创新性？

宽容失败的文化欠缺，会阻碍创新人才成长，抑制创新活力，影响经济发展。

除此之外，还有一个很重要的、很顽固的文化就是谨言慎行文化。这是中国人的一种修身养性的文化需求，儒家的“君子欲讷于言而敏于行”，道家的“知者不言，言者不知”，要求说话要谨慎、懂得适时沉默，以有助于维护社会的秩序和稳定，但是易导致人们过于保守和拘谨，不敢表达自己的真实想法和意见，从而影响了创新和进步。

中国留学生有一个很重要的特征就是不会问问题、不敢问问题，但是一个不准备问问题的人，一定是不动脑子的，如果想问问题，一定会动脑子问聪明的问题。所以，为了培养国人的创新能力和将国人的创新力爆发出来，我们应该提倡这样的原则和风尚：把集体主义和个性区别开来；把集体的统一意志和个体的思想自由区别开来。尊重个体的观点、价值和选择，培育崇尚科学和创造的社会文化氛围，让大家来创新。在科学技术、文化创新的道路上，要敢于与众不同，不要人云亦云。

谢谢大家，敬请大家批评指正！

以文化人——教育强国的一个重要切入点

陈　鹜

陈|鶱|简|介

陈鶱，中国海洋大学党委常委、统战部部长、教授。中央电视台《法律讲堂》栏目主讲嘉宾，《中国高等教育》杂志特约评论员。曾在《求是》杂志等多家刊物发表文章。研究先秦史和中国传统文化，著有《春秋战国及其对后世中国的影响》等书。创作的《北京奥运赋》作为主题景观，被刻写在青岛奥运文化雕塑公园正门。创作的《崂山校区记》被刻写在中国海洋大学校园内。

大家好，我是陈鹭。

以文化人是教育强国的一个重要切入点。教育强国要做和可做的事情很多。以文化人，也就是发挥文化的育人功能，培养能够担当强国建设、民族复兴伟业的栋梁之材，这是重要的切入点。针对为什么和如何以文化人，我汇报三点：一是立人先立心，二是授鱼亦授渔，三是人文就在呼吸间。

一、立人先立心

近两千多年来，中国教育的历史基本是一部儒家教育的历史。儒家教育的经典《大学》中有一段脍炙人口的话："物格而后知至，知至而后意诚，意诚而后心正，心正而后身修，身修而后家齐，家齐而后国治，国治而后天下平。"这段话通常被概述为"格物致知、诚意正心、修齐治平"。前半段是讲"知"的问题，后半段是讲"行"的问题。但是在"知"和"行"之间有个关键的环节，就是"正心"，这个环节十分重要，涉及"知"与"行"如何实现统一。

然而，在过去很长一段时间里，我听到大家提及这段话时，经常只强调"格物致知"和"修齐治平"，很少提及"诚意正心"，忽略了这个关键环节。

北宋大儒张载也说过，读书人的使命是"为天地立心，为生民立命，为往圣继绝学，为万世开太平"，这也是以"立心"为首的。这是为什么呢？因为心是价值取向、精神品格、人生作为、成就和贡献。翻开中国的历史，那些为民族作出过重大贡献、产生过深刻影响的人，无不有一颗高尚的心。孔子、屈原、司马迁、韩愈、范仲淹、苏轼、辛弃疾、朱熹、岳飞、文天祥、王阳明、曹雪芹，这些人活得很通透，品格很高洁，他们是中华民族的大孝子，他们的人生作为无不源发于心。

所以我们说，培养国家的栋梁之材，要立人先立心。

要立一颗什么样的心呢？实际上儒家大师们早有训导，那就是孔子毕生倡导的一颗仁爱之心、孟子毕生倡导的羞恶之心和荀子倡导的进取之心。这些心，既要保存其传统意义，也应该包含时代内涵。在“忠孝仁义”等传统意义上，还应该有爱党、爱国、爱人民、爱社会主义之心，以及为实现民族复兴伟业而不懈奋斗的进取之心。可以想象，如果我们的学生有这样一颗心，何愁他们不会成为一个个有担当的人。借用《文心雕龙》的一句话，“有心之器，岂无文欤”，即要有一颗高尚的心。

二、授鱼亦授渔

这句话表达了一种方法。所谓“授鱼”是传授知识，知识是一切创新发展的基础。但更重要的是“授渔”，就是传授哲学方法论所说的方法。中国传统思维模式中，有一种追求“以不变应万变”的思维趋向，它类似但又不同于现代科学的控制论。关于这个思维方式，《墨子·鲁问篇》记载过一个故事：“公输子自鲁南游楚，焉始为舟战之器，作为钩强之备。退者钩之，进者强之。量其钩强之长，而制之为兵。”故事讲述了越国人善于划船，战斗时若占优势则进攻，若不敌则撤退，楚国人难以应对。鲁班因此发明了一种工具，包括叉和钩，当敌人的船靠近时，先用叉固定，再用钩拉住，使敌人无法逃脱，随后，楚国人便使用与之距离相匹配的兵器，针对越国人兵器的不足——要么过短无法触及，要么过长操作不便——从而取得了胜利。这是在古代军事领域中一个奇思妙想般的应用，虽然具体的方法已不再适用，但其中包含的思维方式对我们今天仍然有启迪。它告诉我们，应当把难以把握的对象设法控制在相对稳定且便于研究和处理的范围之内，进而研究适合于这个相对稳定范围的方法和工具，以便进行观察、研究和处理。

我十余年来都在课堂上讲这个故事，并且指出这个故事的启示。2017年，诺贝尔化学奖被授予一项革命性的技术——冷冻电子显微镜，它能极大地帮助科研人员清晰地观察到生物分子。这项技术是将蛋白质冷冻在溶液中，然后再利用电子技术照射冷冻在溶液中的蛋白质，从而解析出生物体的基础结构。大家观察这项发明的思维方式，它与上述鲁班发明的钩钜及其武器的应用思维何其相似。

传承中华优秀传统文化。先人们留下了丰富的智慧和方法，值得我们去汲取和发扬。《文心雕龙》说，“才为盟主，学为辅佐”，这里的“才”是利用知识解决问题的能力，“学”则是掌握知识。

三、人文就在呼吸间

人文精神的传承，需要教师的言传身教、潜移默化。在革命文化和社会主义先进文化当中，人文精神是宝贵的教育资源，我党领导艰苦卓绝的革命斗争如果没有精神的力量，是不可能取胜的。比如毛泽东主席在中国共产党第七次全国代表大会上所做的闭幕词《愚公移山》当中，首先讲述了中国古代的寓言故事愚公移山。故事中愚公决心通过一代代人，挖开挡在家门口的两座大山，这本来是一件不容易的事情，但是他的精神感动了上天，他就派两个神仙把两座山移走了。讲到这里，毛泽东主席指出，现在有两座压在中国人民头上的大山，一座是帝国主义，一座是封建主义。中国共产党已下定决心，要铲除这两座大山，我们一定要坚持下去，一定要不断工作，我们也会感动上帝，这个上帝不是别人，就是全中国的人民大众。

在社会主义建设时期，我们有很多大师先贤，干惊天动地事，做隐姓埋名人，他们身上的家国情怀和拼搏奉献精神都是我们育人的宝贵财富。我们身边就有文圣常院士，文先生将他的一生都奉献给了国家科教事业，在科学研究和人才培养方面都取得了令人瞩目的成就。与此同时，他淡泊名利，个人生活极其简朴，他将获得的所有奖金甚至一部分工资积蓄都捐给了中国海大和家乡的教育事业。因此，中国海大人尊称他为学校的精神灯塔。先生捐资在学校设立的文苑奖学金是学校最重要的奖学金之一。这里有一封先生在91岁高龄时写给学生处的几位年轻领导的信，让我们来重温一下。

先生是这么说的。

初、鞠、黄处长：

你们好！

又到颁发文苑奖学金的时候了。我提两条建议请你们考虑。第一，每年的颁奖会上，文件和领导的讲话中常提到，这项奖金是某个人倡导的，学校很重视此项奖金，为了以几千分之一的比例挑选获奖人，由班级到院系，管理部门和领导都做了大量细微的工作，因此这项奖金是学校促进人才成长的措施之一，而不是某个人所倡导的，可否以后避免这个提法？第二，每年的奖学金颁奖会上，我也得到一束鲜花，我很荣幸，但是很不敢当，我也觉得这个安排可能会冲淡学生获得荣誉的气氛，可否在今年的颁奖会上不再安排献花，或者向获奖人献花。

文圣常

2012年11月23日

尊敬的文圣常先生101岁时去世，在中国海大工作了70年。先生去世之后，遵先生的遗嘱，把他的骨灰撒向了大海。先生永远与中国海大同在，与国家海洋事业同在。

在学校教育中，我们应该充分利用好这些教育资源，营造浓厚的人文氛围，让学生在呼吸之间受到人文熏陶，让学生体会到中华优秀传统文化中的“忠孝仁义”、家国情怀，革命文化中的崇高理想、奋斗牺牲，社会主义先进文化中的人民至上、无私奉献，这是给我们中国人提供精神情感和价值的锚地，让我们的人生价值得以放大，让我们的社会和家庭更加充满温情，让我们的国家和民族充满力量，帮我们培养出一代代儒雅端方、气宇轩昂、心忧天下、怀抱古今的仁人君子，甚至时代圣贤，为教育强国发挥出文化的巨大力量。

表述不够完美，请大家批评。

谢谢。

“一带一路”与建设海洋强国

黄仁伟

黄|仁|伟|简|介

黄仁伟，复旦大学特聘教授、“一带一路”及全球治理研究院常务副院长，上海社会科学院原副院长，上海市美国学会名誉会长，清华大学战略与安全研究中心学术委员会委员，北京大学中外人文交流研究基地学术委员会委员，南京大学华智研究院学术委员会主席。主要研究成果有《独立自主的和平外交政策》《中国崛起的时间与空间》《国家主权新论》《中国国际地位报告》《经济发展前沿问题》《中国和平发展道路的历史选择》《美国西部土地制度演进》以及《美国通史》第三卷等专著、论文和研究报告。20多年来参与第二轨道战略对话；持续承担中央有关部门交办专项研究。

各位领导，各位专家、老师、同学：

下午好！很荣幸受中国海洋大学的邀请来参加这场非常有意义的论坛，我今天也是应邀请方的要求讲这个题目。这个题目很大，但是时间非常有限。

“一带一路”倡议自实施以来已经走过整整11年了，我认为这个概念在世界上的影响比在中国国内更大。在国内，大家还觉得它离我们很远，但是其他国家都非常重视“一带一路”，这是21世纪世界上最大的一件事情，会改变世界。

这个问题与许多大变化是相关的，其中第一个变化就是世界从海权时代转向了陆海权的时代。

海权时代始于1500年哥伦布发现新大陆。自1492年麦哲伦开辟新航路以来的500年，世界就是一个海权世界，谁掌握海洋谁就掌握了世界。但是“一带一路”出现以后，“一带”是陆上的，“一路”是海上的，是陆、海两个方向结合起来的“一带一路”，人们突然发现陆权也非常重要，甚至更重要。为什么？因为产业结构发生变化以后，海上的运输有一部分被陆上取代，特别是高科技电子产品需要在短时间内到达市场，用飞机运输的价格非常高，而且空运的装备尺寸是受限制的；海运的时间则很长，特别是从中国到欧洲、美洲，有时候要经过两次赤道，而要保持恒温成本也很高，于是陆运火车在此刻便应运而生。一般来说，从中国到欧洲两周的运输时间是足够的，海上运输经过大西洋需要两个月，但陆运特别是铁路+高速公路的新供应链发展得很快，而我们的“一带一路”正好赶在这个时间点上。

同样，海洋力量是一个国家想要发展为强国的必要要素，其中包括远洋运输能力、通道和枢纽的组合。海上力量也非常重要，特别是海军的海上导弹远距离投射能力、海陆空天网一体化能力、海洋资源获取能力、海洋生态保护能力、海事规则和治理能力等，最重要的还有海洋科研研发创新能力。

我们的“一带一路”要把陆、海两个通道联合起来，即陆海联运通道。当下，“一带一路”除陆上的东西大通道、海上东西大航道以外，还有南北走廊、中南半岛走廊、中缅、中蒙俄等走廊，这都是将海上航道和陆上通道连起来形成的一个大网，北面是欧亚大陆通道的北线，中线从连云港到西安、从新疆到中亚，其也与北线合并，到乌克兰、白俄罗斯等，并构成了中欧大通道的主线。因为俄乌战争，整条线都受到了威胁，所以“一带一路”现在正在策划从中线的西南方向，到里海、高加索，经过欧洲做一条南线：从新疆喀什到吉尔吉斯斯坦、乌兹别克斯坦，最后进入伊朗到土耳其，进入巴尔干到欧洲，这样构成了北、中、南三条线。但是最好的还是北线，南线和新中线会经过两片海域进行陆海联运。据说9月份开始新线的修筑工程，但现在还没有动工，即使动起来也需要5年的时间才能修通，而且还要经过高原等许多地方，这是我们的陆上通道。

刚才讲了南北走廊、中南半岛走廊、中缅走廊、中蒙俄走廊这四条海上和陆上结合的走廊，这是我们中欧通道的大动脉。现在刚刚开始有一个新的通道要形成：从沙特阿拉伯东临的波斯湾到西临红海，再到地中海，最后进入欧洲；沙特阿拉伯半岛通道又是南线的一个新通道，将从整个中缅走廊通达瑞丽、昆明，其中有一条油气管线，现在每年输送4000万吨油到昆明、重庆、贵阳。由于通道的航道和市场的结合，整个东南亚和中国之间的贸易量位居世界之首，东盟是中国最大的贸易伙伴，而非欧盟或是美国。所有这些国家的贸易量的50%以上是和中国进行的，很多国家与中国的贸易量还达到了70%~90%，那些号称是美国的盟国或者是站在美国一边的国家，它们的市场大部分已经都在中国了。

“一带一路”正在形成一个世界性的大流通网，北太平洋、印度洋到地中海，这是我们主轴贸易航道；印度洋–南大西洋–北大西洋为副主轴贸易航道；北太平洋–北冰洋为潜在的战略价值航道，南太平洋为联结南半球的新航路航道。2018年我们同拉丁美洲的贸易量达1000亿美元，2023年底是

5000亿美元，不到5年增长了4倍，今年可能就要到6000亿美元了。所以这些航道实际上也是中国的市场联结。

除了刚才讲的“一带一路”的航道和陆上通道以外，海洋强国战略中很重要的还有海洋新产业、新兴产业，包括船舶制造、海洋信息、海洋生态、气象、海洋资源、海洋基础设施、海洋健康、海洋建筑等。未来的世界市场，很大程度上取决于一个国家在海洋产业上的能力，因为海洋占据世界约3/4的面积。过去，军事上谁占领海洋谁就是军事强国、拥有军事霸权，现在产业上谁控制海洋产业，谁就是最强的国家。

从安全上来说，我们现在的安全威胁主要来自海洋：一要解决台湾问题，二要解决南海问题，三要解决马六甲海峡通道安全问题，所以不管近距离、远距离，都要保持在海洋上的战略威慑力。美国的印太战群，过去只是讲亚太战群，现在把印度洋包括在内，从夏威夷一直到加西亚，这么大的一个区域，其唯一目标就是中国。这三个岛链大家都很熟悉了，最重要的就是第一岛链，里面最重要的就是台湾和南海，第一岛链被中国突破以后，第二、第三岛链是没有用的。

美国的霸权也在海权上。如果美国的海权衰落了，美国的霸权就衰落了。首先是美国的制造业，在海洋方面的制造业已经基本上空心化了，航母都没有办法维修，海军装备更新非常慢。二是美国的财政非常困难，每年要增加几万亿美元的赤字，现在是36万亿美元的联邦债务，GDP约29万亿美元，所以联邦债务已经严重地约束了美国海上霸权，美国控制海上通道的能力也大大削弱，美国在基础设施方面几乎没有钱，但也要搞全球基础设施投资计划，现在投了4000亿美元，但一分钱收益也没有看到。

中国的海洋强国目标要分阶段：海洋强国与现代化强国的战略目标一致，2030年确保中国海洋主权完整和通道安全，2035年建成全球陆海空天网的立体系统，2040年确立海洋科技领先和海洋资源主导，2045年建构全球海洋治理和海洋法规体系，2050年初步达成全球海洋命运共同体，五年一阶段分步推进。首先，我们在2030年以前要掌握海洋的完整主权，在我们可以达到的范围内应到尽到，严格确保中国海洋主权的范围，这个任务是第一位的。第二位的任务就是建立全球范围内的陆海空天网的立体网。第三位的任务就是确立海洋科技的领先地位以及海洋资源的主导地位。第四位的任务就是海洋治理和规则，最后就是建立海洋命运共同体。当然，海洋强国目标的实现最终取决于人才培养。

我就讲到这里，谢谢！

海洋法治人才培养与海洋强国建设

邹克渊

邹|克|渊|简|介

邹克渊，大连海事大学法学院特聘教授，智库首席专家，博士生导师。1982年毕业于杭州大学（现浙江大学）外语系，获文学学士学位。1989年毕业于北京大学国际法专业，获法学博士学位。曾任北京大学法律系副教授、德国汉诺威大学Humboldt研究员、新加坡国立大学东亚研究所高级研究员、英国中央兰开夏大学哈里斯国际法讲席教授、浙江大学光华法学院教授。邹克渊教授长期深耕于国际法、海洋法、渔业法领域，著述丰厚，在国内外学术界和实务界享有卓越声誉。

非常高兴有这个机会到中国海洋大学来参加这个高端论坛，这也是我第一次参加“科学・人文・未来”论坛，非常荣幸。首先，祝贺中国海洋大学建校100周年，这是值得庆贺的日子。大连海事大学同样以“海大”为简称，虽然两所大学各有特色，但我们都是由海而生，向海而行。刚才黄教授也讲到建设海洋强国，可见我们的目标都是统一的，需要大家共同奋进、共同努力。

今天我讲的题目是《海洋法治人才培养与海洋强国建设》，跟刚才黄教授讲的题目有一点联系。在全球化和海洋经济快速发展的背景下，海洋已成为各国经济发展的重要空间，同时也是国际政治、军事、环境和资源问题交织的领域。因此，如何培养具有全球视野、法律素养和专业知识的海洋法治人才，已经成为我国战略发展的关键任务。现如今，各高校都在重视涉外法治人才的建设。而我个人的观点是，海洋法治人才是必不可少的一环。做好海洋法治人才建设，对于涉海院校的法治人才培养和法治战略目标的实现，是非常关键的。

法治是国家核心竞争力的重要内容，习近平总书记曾经指出：“中国走向世界，以负责任的大国参与国际事务，必须善于运用法治。”这一论断深刻揭示了法治在国家发展中的重要性。随着全球化进程加速和中国对外开放程度不断加深，海洋法治人才培养已成为推动国家法治建设和提升国际竞争力的重要任务。海洋法治人才不仅需要具备扎实的涉海法律知识和实践本领，也需要对国际法、比较法和跨文化交流有深入的把握和理解。

我们需要明确，海洋法治人才是国家海洋权益保护和国际海洋秩序维护的重要支撑。随着联合国海洋公约等国际海洋法框架的实施，各国在海洋资源开发、环境保护、海洋安全和航运管理等领域的法律需求日益增加。因此，掌握海洋法律知识且具备实践能力的人才，对维护国家海洋权益、促进国际合作、应对全球性挑战至关重要。特别是刚才黄教授提到的“一带一路”，这个“路”实际上指的是海上丝绸之路，这一领域面临的问题也比较多，是全球性的挑战，需要海洋法方面的规范和规则，来维护国家权益。

此外，近年来，海洋争端日益复杂化，我国周边海岸权益纠纷非常多。为应对这些挑战，我国培养了一批具备专业素养和国际视野的海洋法治人才，这不仅有助于国家在海洋事务中占据主动地位，也为提升我国国际话语权奠定了基础。

目前，尽管我国海洋法治人才培养已经取得一定成效，我们中国海洋大学有法学院，大连海事大学也有法学院，但是仍然面临一些挑战。首先，海洋法的研究和教学仍然较为薄弱。相对其他法学领域，海洋法在我国法学教育体系中所占比例较小，法学院主要教的课程绝大多数是国内法，国际法占了非常小的一部分，海洋法的比重更小。相关课程的开设非常有限，教材更新速度也非常缓慢，包括“马工程”教材。目前，我们还未有海洋法的“马工程”教材。我们需要考虑，是否在“马工程”教材中加入海洋法主题的教材。这也体现了学科建设尚需进一步加强的现状。其次，新的教学形式和内容不足。海洋法治人才不仅需要具备扎实的理论基础，更需要通过实践来掌握复杂的国际海洋法规则。目前许多高校的海洋法教学模式仍以理论式授课为主，学生缺乏实地调研、模拟法庭、国内外庭审观摩等实践性活动机会，导致他们在应对实际的海洋法律问题时缺乏经验。此外，国际交流和合作不足也是一个问题。在全球化背景下，海洋法的适用具有强烈的国际属性，尽管高校和国际海洋法学术机构建立了合作关系，但总体而言，学生参与国际学术会议、国际实习及交流的机会有限，这制约了他们对国际法的了解程度和发展。

针对上述这些情况，我有几点不成熟的想法，供大家批评指正。

第一，加强海洋法学的学科建设。首先，要加强海洋法的学科建设，提升它在法学教育中的地位。在2023年“两办”发布的《关于加强新时代法学教育和法学理论研究的意见》中，将海洋法学认定为法学的新兴学科，这是非常重要的，也反映了我国对海洋法学的重视以及在新时代背景下对法学发展的新要求。高校应加大对海洋法专业的投入，设立专门的海洋法研究机构或学院，培养专职教师队伍，并与政府、企业和国际组织合作，设计符合实际需求的教材和课程。此外，政府应通过政策扶持鼓励更多学者和学生从事海洋法的研究。

第二，推动实践性教学模式改革。为了弥补实践教学的不足，高校应积极引入模拟法庭、案例教学、实习实践等多样化的教学方式，加强与航运公司、海事运行机构、海洋环保组织等单位合作，为学生提供实习机会，使他们能够在实际场景中应用所学知识，提高实践能力。此外，可以组织海洋法专业的学生参与国内外海洋重大案例的模拟审理，让学生在真实的法律场景中锻炼解决问题的能力。

第三，强化国际法事业的合作。为了培养具有国际竞争力的海洋法治人才，我们应加强国际交流与合作。高校应积极与国外知名的海洋法研究机构建立合作关系，邀请国际知名学者来校授课并鼓励学生参加国际学术会议和模拟法庭的竞赛。此外，还可以设立海洋法的留学项目，使学生赴国外学习先进的海洋法律制度和先进经验，提升其国际化水平。

第四，重视跨学科人才培养。海洋法治人才不仅要掌握法律知识，还需具备广泛的跨学科能力。海洋问题不仅涉及法律的问题，还涉及经济、环境、科技、外交等多个方面和领域。因此，在培养海洋法治人才的过程中，应鼓励学生学习环境科学、国际关系、海洋工程等相关领域的知识，提升他们的综合素质和跨学科能力，从而更好应对复杂的海洋法律问题。

在全球海洋事务日益复杂化的背景下，海洋法治人才培养与海洋人才建设显得尤为重要。我们必须认识到海洋法治人才的培养不仅关系到国家海洋权益保护，也关系着全球海洋治理的未来。通过加强学科建设，深化实践教学，注重跨学科培养，我们有望为我国培养出一批具有国际视野、扎实专业素养和实际操作能力的海洋法治人才，为维护我国海洋权益和推动全球海洋法治贡献力量。

让我们继续努力，为中国和全球的海洋法治事业培养更多优秀人才。

谢谢大家。

科学与创新：我的浅见

黄　锷

黄|锷|简|介

黄锷，1937年生，于1967年获得美国约翰·霍普金斯大学流体力学和数学系的博士学位。中国工程院外籍院士、美国工程院院士、中国台湾“中央研究院”院士、NASA海洋首席科学家。三次获得“NASA杰出太空法案奖（NASA Exceptional Space Act Award）”，由他发明的希尔伯特–黄变换（Hilbert-Huang Transform）被誉为“NASA历史上在应用数学方面最重要的发现之一”。

黄锷院士长期致力于非线性数据分析领域的学术研究，其研究成果在数学、物理、力学、声学、医学、经济学、地球科学和工程应用等领域都得到了广泛的应用，在国际上享有盛誉。

各位下午好！关于创新，麦院士讲得比我透彻多了。因为我对教育一点都不懂，所以我今天只讲科学与创新。

以我自己的经验，我发现自己年纪越大，知道的事越少，自己的想法也越来越少。所以我开篇就引用别人的话，我认为创新必须基于科学。这句话从哪里来的呢？我是根据Vannevar Bush先生的观点提出的，他是“二战”以前MIT（麻省理工学院）的工学院院长，也是MIT的副校长。“二战”发生以后，罗斯福就邀请他做科学顾问。当时美国没有自然基金会，所有的科学与技术，由他一个人做主。在他的主持下，美国的科技发展得非常快。例如“二战”最要紧的武器——原子弹，那时候是由两个学校合作研制。Vannevar Bush讲，如果一个国家的科学不强，不管技术多好，到最后都没有用，都会受制于人。所以他认为创新、科学是非常要紧的。没有科学支撑，可不可以创新呢？当然可以，我等一下会给大家举一些例子，但是有科学的创新则不同。没有科学的创新，你可以发明一个小东西，义乌出的成千上万的东西都是创新出来的，生意好不好呢？很好。这个东西可不可以延伸到整个时代呢？是不行的。真正有科学基础的创新，它不只是发明一样东西，它可以发明一系列的东西，甚至改变一个时代。第二个例子举的是半导体的发明人，他从半导体延伸到集成线路。这个发展到什么程度我们不知道。所以以科学为基础的创新都是一整片的。

讲到科学，我们会想到“李约瑟之问”：为什么近代科学革命没有在中国发生呢？李约瑟对中国没有偏见，他是生物化学教授，很年轻的时候就出了大风头，在英国当选为皇家科学院院士，不只是他，他太太也当选了院士，夫妻当选院士在当时是并不多的。他在“二战”的时候代表英国到中国来访问，带了好多科学知识性图书、仪器，他对中国感情非常深厚。他这一辈子最有贡献的工作并不在生物化学上，而是底下这一排书，就是*Science and Civilisation in China*（《中国科学技术史》），他对中国的研究还是很深的。他所谓的科学是什么呢？你把这套书打开，看看这里面讲的，中国在过去的发明，都有一个共同点，就是没有办法延续。在科学理论上，物理、数学、化学、生物这几个基础性学科里，中国发现的理论定理非常少。

假如说中国科学不发达，中国技术就不可能发达吗？也未必。李约瑟对问题没有解答，这个问题很大，我想再吵10年、100年，也不一定能吵清楚。这些问题我们留给学历史的人去研究。我们现在很多的问题大概是解决了，我跟大家先介绍一个最新的报告，这个报告是上个月才发布的，130多页，我发现这个报告后赶紧看了一遍。

这个报告里讲，中国现在在科技发展工程上越来越具有领先地位。比如中国的论文发表指数都是跟美国比的，从2015、2016年就超过了美国，专利数也超过了美国。再看大学毕业生数量，中国的大学毕业生非常多，学生也多，比中国更多的是印度，印度还是不可小觑的，中国追美国追得很快。

对比各个国家对R&D（研究与发展）的投资，中国跟美国几乎一样。各种工业类型中，中国的投资占世界研发投资的百分比非常高。只有三个工业美国比中国稍微好一点，一个是IT，一个是制药，一个是交通设施。美国的航空航天比中国强，不过美国也不一定领先多久，剩下的产业中国都非常强，而且占世界的百分比非常多。

另外，真正的工业产值，中国比其他国家强得多。把美国、日本、德国的工业产值加在一起，跟中国的差不多。比如中国的汽车出口数，我想10年前大家都不敢想中国的汽车出口量会变成全世界第一。这么一比，样样都不错，中国在整个世界贸易中所占的百分比都很高。

在科学上，一个比较简单的比照就是诺贝尔奖获得数量排名，我们的诺贝尔奖得奖数排名不在前14位，我们在第15、16名。日本跟中国差不多，它在传统上也没有什么优势，但是日本现在追得很快。从1949年以后，日本产生了30位诺贝尔奖获得者，有的是日裔的。最主要的国家还是美国，这里面也有一些文化因素，因为诺贝尔奖起源于欧洲，一开始给的全是欧洲人。但是我们的人均GDP现在大概跟世界平均数差不多，绝对不是领先的。

为什么我们的工业这么发达，产业发展又好，好像创新也不错，怎么会变成这样呢？我认为这里面的缺陷是我们太着重于专科、专门的教育。我们的大学不少，但是中国最好的大学只有美国的30%左右，我们的大学还不够好。另外，我们的论文很多，但是高引用的论文不多，占美国的4%左右。此外，我们的专利非常多，但是专利费（有用的、好的专利）不到美国的10%，从这点能看出中国好的专利非常少。

所以我的看法是，我们对“Basic Science”（基础科学）的学生培养不够，顶尖的大学也不够。另外，我们作出来的结果，现在做的结果都是追求数目，像麦教授也讲了，只要出一个指数，中国照着这个指数去做，一定做得不错。但是如果说论文有影响力，让人家去引用，发明出来让人花钱买专利的作品是有限的。所以，我们的论文和专利的引用都还不够，这就表明我们的专利还不够好。

最要紧的是，强调基础教育是非常重要的，不只是对一个国家而言。在这里我要跟各位同学分享，从自身的利益来讲，你们都要重视基础教育。我们不讲过去，将来的社会不可能找一个工作就干一辈子，终生就业已经是过去的事了。在美国，一个人到55岁大概已经换了12个职位，现在大概40%的工作过几年就消失了。这是在美国的情况，一般的情况都希望每隔五年去更换一次职业。面对这种情况，你真正的基础，就是知识的核心不够是不行的。

要掌握知识的核心，首先要清楚认识到人没有办法在大学里学会所有东西，用的时候从书包里掏出来是不可能的。因此必须终身学习，而且不能只学一样东西，必须是跨学科的。

大家都说中国是“基建狂魔”，最后，我希望中国能够尽快完善我们的科学的基建。另外，恭祝中国海大100周年生日快乐。

谢谢！

文学的功德

何向阳

何|向|阳|简|介

何向阳，诗人，学者，作家，中国作家协会全国委员会主席团委员、创作研究部主任、研究员，全国宣传文化系统文化名家暨“四个一批”人才首批人选，“新世纪百千万人才工程”国家级首批人选，享受国务院政府特殊津贴专家。出版有诗集《青衿》《锦瑟》，散文集《思远道》《无尽山河》，长篇散文《自巴颜喀拉》《万古丹山》，理论集《朝圣的故事或在路上》《彼黍》，专著《人格论》等。作品被译为英、意、俄、韩、西班牙文，曾获鲁迅文学奖、冯牧文学奖、上海文学奖等。

2020年秋，我收到中国海洋大学温奉桥教授的邀请，当时我正坐在姐姐家的院子里，电脑上写着《新人变奏曲》——一篇新人的评论。这是一件惬意而舒适的工作，桂花的香气若有若无，秋天的阳光时隐时现，正是在这样愉快的写作中温教授来微信了："何老师，请问您讲演的题目？"茶杯里的竹叶青根根矗立，还有我特意摘了的金桂，目光离开电脑的片刻，我不假思索地在手机上回复："为什么写作。"之所以不假思索，是因为直到现在我都有一些怀疑，当时脱口而出的这个题目到底有什么东西打动着我？这是每一个写作者都会自问的问题。作为一个问题，它没有标准答案。

与此关联，14年前我曾写过《文学的功德》。在2010年的这篇文章中我援引了伏尔泰的一句话，"工作可以免除三大害处，贫困、罪恶和烦恼"。这是说工作的结果是使我们产生了物质的产品，物质的产品使我们解决了生存意义上的贫困，工作的过程使我们避免了罪恶，专注的工作带来了愉悦，使我们脱离了烦恼，但是文学工作是否使人类免除了伏尔泰所说的三大害处——贫困、罪恶、烦恼呢？答案并不乐观。

首先，贫困没有因为文学的存在而消失，从《诗经》开始，文学存在了2000多年，但是绝对贫困仍然在。我们生产小说、诗歌这样一些精神产品，一代代作家努力工作，并没有消除贫困，文学本身也不能直接消除罪恶，文学的存在并不能使天下太平。这个世界仍然有监狱、核战争，人类的烦恼非但没有因为文学的存在而消减，反而随着精神的丰富而增长。

那么，文学家的工作意趣在哪里？文学的作用和功德在哪里？

文学工作的确不能给我们带来可以兑现的金钱、可以享有的奢华、可以支配他人的权利，文学不去绝对批判金钱、奢华和权力，这些存在有其合理性，是人性的一部分。但是文学的存在对金钱、权力、奢华保持一定的距离和必要的警惕，文学的精神之塔在搭建中诉说的是来自心灵的对于真实的渴望，表达的是作家对于现实的认知，对于善恶的认识，对于价值的选择，当然也有对于人心灵幽暗部分的剖析、痛苦部分的抚慰、对事实真相的揭示和不良行为的远离，这是文学的工作，使我们避免心灵的贫困。

文学的工作还源于一种相信，我们写下文字，其实是在写我们生而为人能做的更好的梦，写我们将要诞生的对理想的一种确认，我相信有某种事物存在，相信在现实存在之上还有一种理想的存在，相信在现实呈现的第一世界之上还有一个世界，这个世界我们称之为精神世界，这个相对于现实这个第一王国而言是第二王国，二者栉比而行，我们纸上造屋，长年累月，相信会通过一代代人的不断书写而成为现实。

作家在写作的过程中必抱有一颗敏感之心，承受贫困、疾病、不公、罪恶和仇恨，书写不公、打抱不平、揭开真实、求证真理就是为了证明还有一种人心的力量，那就是相信，是相信支撑着他们持续写下去。一代代作家的信念和信念下产生的语言，解构了我们对于世界的认知，作家的写作是为了证明人类有一种力量、信仰将被开采出来，这种更广阔、更宏伟、更坚韧的力量是作家对于未来会变得更好的信仰。这种使人类不至下滑、毁灭的力量使我们保持着对罪恶的认知、警觉和远离。

文学是一种致力于表达在世上无情力量之上还有一种有信仰的抵抗和超越，这种真善美交互作用的力量，相信未来会更好地被文学所印证。文学说到底是一种有信仰的工作和有情谊的工作。当一位作家在作品中表达不安和愤怒时，当作品揭示不公、谴责罪恶、鞭笞无情时，恰恰意味着这个作家心怀梦想、有所期待。他的内心有一种关于生活事实的更美的图画，是这个图画支持着作家的写作。作家写出这种理想的过程，也正是这个图画变为现实的过程，一直以来我们的书写都在这种过程当中，虽然文学家不像哲学家一样创造思想，不像政治家一样建立制度，不像经济学家一样提出规划并创造财富，但是文学家在文学作品中提出有关人类发展的宗旨和目标、有关社会变革的理念和使命，而且文学作品对人类心灵的潜移默化的作用，是哲学家、政治家、经济学家都无法取代的。

如果说思想、制度、财富的存在可以使人们减少贫困、罪恶和烦恼，确实在现实层面上解决了人类进步所面临的诸多问题，那么文学的功德在于通过立言为人们创造了一种对抗烦恼的信念。这种建立信念的工作同样是其他工作不能取代的。这种信念是文学家对于人类的贡献，他们贡献出人类在进步过程中更需要也更重要的东西，文学家的贡献是通过看似虚妄的纸上的创造而完成一种实质性的传递，传递出人类有目的地建造一种相对于现实世界的更加崭新的理想世界的信念，这是文学的功德。

这是不是为什么写作的答案呢？让我们再回到在桂树下写作的瞬间。收到温教授微信的下午，对他问题的回复其实仍然是一个问题，这个问题王蒙先生在1992年的文章《你为什么写作》中曾经提出。文章中王蒙先生回顾了1985年由法国巴黎图书沙龙向世界各地作家提出的问题及其答复。关于为什么写作，法国玛格丽特·杜拉斯的回答是“对此我一无所知”，英国女作家回答说“因为我是写作的动物”，另外几位作家提到写作是“为了创造一个更永恒的自我”，更多人的回答是“写作是为了交流”，还有作家回答写作是“为了朋友更爱我”，巴金的回答是“为了扫除心灵中的垃圾”。对于“为什么写作”这个问题的回答大致有两种：为人生和为艺术。我越来越觉得二者之间并不存在一个绝对的鸿沟，鲁迅先生的“为人生”里可以见证他对艺术的至高无上的趣味，我们感受到快乐王子中包含的现实关怀；乔治·奥威尔在1946年的文章《我为什么要写作》中总结了写作的四大动机：一是纯粹的自我中心，二是审美的热情，三是历史的冲动，四是政治的目的。他认为不同的动机相互排斥，我倒认为动机虽然唯一，但写作的过程不免兼顾其余。我们不难理解这样一段话，所有作家在他们动机的深处埋藏的是一个谜。

1980年王蒙先生写下《当你拿起笔》，他本人在《你为什么写作》中没有回答的问题，由这篇文章给出了一个比喻性的答案——你进入了一个最关键、最微妙、最困难和最美好的阶段，在这个阶段你从现实生活的记忆力飞跃到想象的艺术世界里，这就叫作创造。因为原本并没有这么一个现成的世界，是你的想象力创造了它，这是构思。你要用精神的经纬去织一幅图卷，用精神的梁柱搭一座大厦，用精神的吸力来挖掘深山的宝藏，这叫作虚构，因为它是假的。如果只是对现实分文不差地摹写，又要文艺干什么！

但是，文艺的生活也有一些单调的东西，有一些无意义的琐事，有一些很有价值的东西，它们会被时间的长河所淹没，被庸俗的势力所消磨，所以单纯的记录、简单的照相并不会成为文学。

那么文学是什么？我们为什么以文学为业？王蒙先生解释了他的动机，要创造一个完整的世界。一旦创造好了这个世界，一旦进入这个世界，你会发现这个世界清清楚楚、无可置疑，是这样的生机盎然、鲜明突出，以至于你不相信是你的产品，你觉得它根本就是这样的，从来就是那样存在的，成了不以人们的意志包括你的意志为转移的客观存在，觉得你不过是像一个航海家、探险家、旅行家一样偶然地发现它罢了。你觉得一切情节、一切发展、一切戏剧性的场面以及惊天地、泣鬼神的事件，这里面的人和事、发展的结果你不能影响它，你觉得一切细致入微、丝丝入扣的情节、细节、道具都是它本身所具有的，你不过是记录罢了。你觉得一切安排、一切结构、开头和结尾、博览和反复都是本来如此，你觉得一切语言、一切精辟、动人心弦的句子都是原有世界的人和物自身所具有的特征，是那个世界自己提示出来的或者是那些人物自己说出来的，你不过是忠实的速记员罢了。这是创造的乐趣，而创造的乐趣深藏着创新的意义。

这篇文章完成于1980年，却是1992年王蒙先生《你为什么写作》的先期答案，这个答案于2020年才看到，而10多年前“第二世界”的构筑理论竟与他的答案重合。两篇文章都不约而同地认识来自文学的本质，文学是人学，文学的功德在教育，在对人的教育，在对人性的教育、爱的教育、美的教育。中国式现代化的本质是人的现代化，是使人成为真正的人、成为崭新的人，成为一个有理性也有热情的人，一个有爱人能力的人，一个有创新精神的人，这也是文学的功德。而文学在完成对他人的教育的同时，也完成了对写作者本人的教育，文学之为作家的功德正在于借由书写而实现终生自教的魅力。

谢谢大家！

少子化时代公立大学的可持续发展

赵强福

赵|强|福|简|介

赵强福，日本东北大学工学博士。现任日本会津大学教授，日本工程院外籍院士，IEEE SMC学会察知计算技术委员会联席主席。曾任IEEE SMC Magazine、IEEE Cybernetics等国际期刊副主编、会津大学副校长、会津大学代理校长等职务。主要研究方向包括机器学习、图像处理与识别、察知计算等。

各位领导、各位老师、各位同学：

大家好！我是会津大学的赵强福。会津大学是福岛县的大学，我自己的专业是人工智能，是非常火的专业，但是我今天不讲人工智能。其实刚才何老师讲的《文学的功德》跟人工智能也是有关系的。现在的人工智能是在哪儿生存的呢？人的脑子、电脑、互联网，都用这个系统统一起来。在1989年之前，我跟其他老师曾经写过这方面的论文，大家可以看一下。

今天我讲一下少子化时代公立大学的可持续发展。科技立国、教育立国，40年以前日本人也想到了，我们叫教育强国。教育立国、科技立国，日本人想到了，也做到了，但是仍然失去了30多年，有很多经验教训。

日本的成长期分几个阶段，主要是“二战”以后。今天我要聚焦高度成长后期的泡沫经济，实际在1980年左右开始，日本政府考虑战争结束后，怎样让国家延续发展、持续发展。办教育。教育是主流，一定要把人才保住，所以当时的地方政府，日本称县，等于我们的省，每个县都办自己的县立公立大学，办了八九十个。

1980年以前，日本只有十几所大学，主要在东京、大阪和名古屋几个大城市。泡沫经济结束后到现在为止，日本基本上有100所公立大学，每个县都有1~3所。是不是成功了呢？其实没有成功，大部分都是失败的。只是喊口号，只是说要努力了，但在抽象空间里谈问题并不能解决问题，并不能让国家持续发展。在持续发展的情况下，日本走在前面。2000多年之前我们是日本的老师，2000多年之后日本以及美国、欧洲，都是我们的老师。所以我们要看它们当时是怎么干的，可以避免走弯路。

主要问题在什么地方？主要是少子化。现在中国也是少子化，而且比日本进行得更快。有的年轻人在经济等方面躺平了，不想结婚、不想生孩子，少子化、空巢化日益严重。日本地方经济不能支持大学，大学对地方而言已经是严重的财政负担。

怎么解决这个问题？会津大学是非常好的例子，我们推出一些Good

Practice（优秀的实践）来解决这些问题。

我今天讲的是五个方面。第一是保证教员质量。会津大学是一个国际化大学，坚持在国际上招聘。第二是增加留学生，日本的县立大学基本建在三四线城市，在小村庄里面，优秀学生都不想来，比较优秀的学生都是走出大山、走出家乡，到大城市里去学习和工作。县级大学特别是会津县，在中国来说是四五线城市了，想吸引好学生来不太容易。所以我们一定要吸引留学生，有了好的留学生之后，才能协助老师们搞好教研。第三是加强国际合作，始终瞄准世界科研前沿，所谓的科研不光是技术，刚才各位老师也说了，科技非常重要，一定要选好题目，选好了以后就能写出好文章，让大家共享知识。第四是促进学校内部的合作，提高对外的竞争力。最后是产、学、官联合，造福地方经济。因为我们是公立大学，不能自己想干什么就干什么，一定要反馈社会，要增加地方经济的收入，地方从各个方面也依赖这所大学。

会津是个非常美丽的地方，在日本是非常有名的观光地，四面环山，周围的山2000~3000米，所以沿海到我们这儿100多公里，核污染基本没有影响会津盆地。这里冬天可以滑雪，夏天可以游泳，有一个非常大的湖，秋天红叶非常漂亮，春天有樱花。

会津大学为什么有这么好的经验？会津大学的老师只有100多人，学生加上本科生、研究生、博士生有1200人左右，可能在场的这些学生加起来比会津大学的学生还要多。这么小的一所大学，最新的世界排名为601~800，我来之前查了一下，好像跟山东大学差不多，比中国海大好像还要靠前。在日本，它仅次于几所帝国大学。早稻田大学这么好的大学都排在我们后面，为什么？肯定有原因的。

原因在什么地方？第一个，我们有外国老师。日本的大学在我30年以前去会津大学的时候，60%是外国老师，只要你研究水平高、教育水平高，就会被录取。不管你是外国人还是日本人，都平等录取，这是很重要的一环。外国老师都是比较能干、比较拼命的，发表了很多论文，取得了很多成果，所以我们的论文数量、专利数量等都是非常多的。

刚才也说了，老师再能干也是一个人，我们要有好的学生一起做。日本好的学生都不来或者来得很少，怎么办？我们就推出好几个项目去吸引外国人，比如“2 + 2”项目，三年可以拿到中国和日本两边的硕士，或者是四年拿到中国和日本两边的博士，这个对很多年轻人是非常有吸引力的；还有“1 + 1”“3 + 2”等。“3 + 2”就是大学三年可以毕业，到我们那边直接上研究生院，之后可以读博士，这样就能节省一年的时间拿到博士。我们通过这些非常有吸引力的项目，吸引了很多优秀人才。从近十年来看，外国留学生的数量直线上升，留学生在研究生院里面占49.5%，博士生占了91.3%，大部分都是外国留学生。所以到我们大学去读书、读博士，一点不稀奇，因为你们的朋友全是外国人，从世界各地来的外国朋友，非常国际化。

下一个是瞄准世界最前沿。我们的外国老师比较多，每个老师都有自己的专长。我们建立了109个合作联系学校，包括上海交大，都有姊妹关系，通过合作，我们会发现一些前瞻的课题，发表文章也比较多。

论文多了好不好？当然好，有名了。但是我们是公立大学、县立大学，将来比如说济宁市，我老家是济宁，济宁市如果有大学，曲阜市如果有大学，这个大学只培养人才，然后都到上海去了，行不行？当然不行。所以我们要培养自己的人才，而且要为社会作贡献。最近，我当副校长这几年，重新整合了一下，组织了几个班，这是逐渐递增的，鼓励老师们一起合作，做得更大更好。这是现在的制度，虽然只有100多人，但是一个老师可以同时属于几个班，可以到不同的班里作贡献。如果他们做得比较好，就让他们合在一起。现在唯一的一个Center（中心）是宇宙信息科学，这个Center是日本政府认定的，日本很多月球探测项目都跟会津大学有合作，每次成功之后我们都会得到日本政府的褒奖；还有一些相关的产业，跟我们学校合作。我们还有一个指导线，给任何一个老师跟企业进行合作研究的机会。

我就讲这些，谢谢大家。

人类文明新形态建构的原理和逻辑

张福贵

张|福|贵|简|介

张福贵，教育部长江学者特聘教授，吉林大学哲学社会科学资深教授、文学院博士生导师、中国文化研究所所长，国家级教学名师。主要从事中国现当代文学等领域的教学与研究，出版《惯性的终结：鲁迅文化选择的历史价值》《活着的鲁迅：鲁迅文化选择的当代意义》《文学史的命名与文学史观的反思》等著作15部，译著2部，发表论文350多篇。论著被译成英、日、韩、俄文在国外出版和发表。获教育部高校人文社科优秀成果一、二、三等奖多次。著作入选国家哲学社会科学成果文库。承担国家社科基金重大项目2项、一般项目2项。

王蒙老师，各位老师、同学：

本届论坛的主题是“教育强国和中国式现代化”，我觉得这是当下中国社会最重要的一个核心关键词。我始终认为，了解一个时代、一段历史，可能最快捷的方式就是寻找和把握该时代流行的关键词。而在今天，“中国式现代化”便是当下时代的关键词。我今天所要讲的是一篇“命题作文”。

主持人说我是研究人类文明的，其实不是，我从事的是中国现当代文学研究，用我们的行话来说是“吃鲁迅饭”的。但是我觉得中国式现代化与人类文明新形态是有关系的，人类文明新形态与本次论坛主题之间的关系也值得我们探讨。

人类文明新形态和中国式现代化不是一个同义语的反复，也不是“1 + 1 = 1”的合并；人类文明新形态是中国式现代化的一个实践过程、一个结果，同时又是中国式现代化究竟走向何处的一个理论思考。而我讲的主要内容则是人类文明新形态的建构原理和逻辑。人类文明新形态是一个理论体系，其有着承继性、时代性和内外性融合的逻辑系统；它也是一个联系历史、当下和未来的实践过程。

那么，“人类文明新形态”在结构上究竟是什么？我做了一个概括：“人类文明新形态”是以中国式现代化新道路实践为经验，以全人类共同价值为引导，以构建人类命运共同体为目的的世界性的新文明进程考量。在此意义上，中国式现代化不仅仅属于中国，它是中国百年来现代化进程的一种经验总结，也是中国式现代化为人类文明新形态提供内容、提供价值引领的一个过程。

我想从两个方面向大家汇报。

第一个方面，人类文明新形态建构的文化原理。

第一个原理是文化融合原理。文化融合在当下看来似乎是一个很陈旧的问题，但面对今日人类文明当各种温和的、激烈的冲突，它在现实面前显得极为重要。谈及文化融合之前，我们并不能否认文化冲突大背景下的政治立场和文化立场，但我要强调的是，自从“文明冲突论”风行世界以来，人们似乎认同了文化冲突的理论，甚至把这种理论看作一个单向式、一元化的理论，而当下的巴以冲突似乎以剧烈的政治纷争、武装斗争的形式进一步验证了文化冲突的理论，但我认为这是局部的、暂时的。越是在当下，我们越应该强调文化融合。人类文明新形态是一种思想文化、价值关系，其中，文化认同和文化融合不可缺少，它们是中国古老的价值体系，是最具中国特色的基本人文精神。在当前世界的状态之下，文明新形态不是一个先入为主的静态结构观，而是一个不断在冲突中融合与再实践的结论。我们不仅要看到文明在遭受冲突时所承受的痛苦、困惑与沉重的历史负担，更要看到在冲突之后更为长久的一种融合。关于这一点，我相信大家能够感同身受。

对于百年中国社会的历史发展，我们曾经让学生思考与概括出20世纪中国社会发展最核心的问题是什么，我希望得到的答案是“传统与现代的冲突”。这种冲突是百年来中国社会面对西方政治入侵、经济掠夺和文化侵入的过程中产生的，所以我们特别关注两种文化冲突或者交汇时固有的矛盾、不和谐，却相对忽略了在冲突和矛盾之后更为漫长的融合过程。如果中国当下的物质文明与精神文明都退回到100年前，外来文化的表现形态和我们自身文化所具有的形态以及价值观之间该产生怎样的一种不和谐？可是百年之后我们对此已经习以为常，它成为我们当下的一种现实存在形态。所以我认为文明的冲突虽然是剧烈的，从更为长远的历史的视角来看，却是短暂的、局部的。

第二个原理是文化的同一性原理。冲突所带来的伤害极大，心理负担极重。面临全球化进程中遇到的诸多问题，我们是否应退回到反全球化和逆全球化呢？越是在这样的时刻，我们越应该看到人类文化的同一性。我一直认为人类文明经过了三个阶段：第一个时代是点的时代，这种孤立的同一性时期可能是人类原始文明发展过程当中人类文明共有的状态，比如氏族部落时代、地方性文明发展时代。在这种状态下，可能没有不同文化的交流和沟通，但是在各自封闭的环境下产生了共同的文明产物，比如弓箭、长矛、渔网、船只，这是人类自身的一种创造，“近水织网造船、靠山弯弓射箭”，这种远古时期共同的发现是普遍的，这是第一种时代。第二种时代是圈的时代，这种时代具有一种有限的同一性，以一个地区的文明占据该时代文明的制高点，并经过有限的交流而形成了不同的地域性的文明圈，比如儒家文化、基督教文化、伊斯兰文化。第三个时代是全球的时代，无论社会有多少矛盾冲突，哪怕出现了一种文明的倒退或是受到伤害，和平发展仍然是全人类共同的一个追求，不管道路何其遥远、困难何其繁多。

第二个方面，人类文明新形态建构的实践逻辑。

首先，我们应该有一种大传统逻辑。近年来谈及传统文化与现代文化之间的关系时，我们不知不觉将传统文化和现代文化置于一种取舍或者是对立性的关系结构中，尤其是包括我在内的从事中国现当代文学研究的工作者，对于一种文化可能会有先天的好感，谈及传统文化时，更倾向于从新文化对传统文化的克服、对立的角度来探讨新文化的诞生，这是一个相克相生的过程。让我们想一下，传统文化真的是自诞生之初直至五四运动时期，都原封不动地传承至新文化诞生之时吗？传统本身就是一个动态的、不断变化的过程。回顾历史，整个中国文学是在不断融汇中国与周边地区、中国各民族、各地区文学的样式和因素的过程中发展起来的，即便是唐诗亦是如此。我认为中国现代文化也属于中国传统文化，原因有二：其一，传统不是静止的；其二,二者实际是一个整体。所以我认为，今日的现代文化已经成为传统文化的一部分，至少共同构成了中国的大传统。

其次，我们要有一个大文化逻辑。现在谈到中国和世界的关系，谈到中国现代人生的繁繁总总的问题，我们总愿意从一种文化矛盾、文化差异的角度来理解。其实文化差异的存在是必然的，但是差异并不意味着冲突。所以我们能不能有一种人类文化的大文化传统观念或者是逻辑观念？在这种大文化观念面前，现代文化、传统文化、本土文化、外来文化、中式文化、乡村文化都是人类文明的共同产物。我们必须打破二元对立的文化价值观，确立一种大文化价值观，面对文化冲突时才能心平气和，才能减少文化融合和吸收过程当中可能出现的心理的、情感的障碍。

再次，连续性逻辑。中国社会如何把握时代精神？我当年给留学生上一门课——报刊导读，这门课从来没有人开，我便思考如何开课、授课。我不是简单地让学生读报纸，而是希望他们通过阅读来了解中国社会。你们能否将当下报纸上最流行的词归纳、总结起来，总结之后看一看其背后所代表的我们时代的特征。这些关键词构成了中国一个个时代精神的联系，而这种“总结”是一种开放性、发展性、连续性的思考。把握时代精神，我们就要把人类文明新形态与和平发展、全人类共同价值和人类命运共同体以及本届论坛主题中的“中国式现代化”联系在一起，才能显示出巨大的思想含量。

关于连续性的逻辑，我觉得还有一点我们必须坚守。如何对一个事物、一个现象进行技术上的理解？我认为最重要的就是起点思维，而不能是终点思维。我们应该将一个概念、一个词汇的终点来作为我们的起点，这就是起点思维——把别人思考的终点当作自己思考的起点，唯有如此，我们才能将中国式现代化道路、人类文明新形态、中国文化自信建构成属于世界文明的内容和价值引领。

通识教育与创新能力的培养

朱自强

朱|自|强|简|介

朱自强，中国海洋大学讲席教授、博士生导师，行远书院院长、国际儿童文学研究中心主任。中国儿童文学研究会副会长，中国作家协会儿童文学委员会副主任。教育部人文社会科学重大课题攻关项目首席专家。第18届国际格林奖获得者。主要学术领域为儿童文学、语文教育、儿童教育研究，出版《朱自强学术文集》(10卷)以及《儿童文学的本质》《儿童文学概论》《中国儿童文学与现代化进程》等个人学术著作20种。

尊敬的王蒙先生，各位专家、老师和同学：

我们本届论坛的主题是“教育强国与中国式现代化”，我接下来讨论的就是讨论教育强国必不可缺的通识教育，以及通识教育与创新能力培养之间的关系。

通常认为，深入开展的专业教育是培养创造能力的关键。我们看有一些大学的本科拔尖人才班的培养模式、培养方案等，就能感受到通识教育通常被挤到不起眼的角落。我觉得这样的理解、认知是片面的。我认为不经过优质的通识教育阶段，仅仅依靠优质专业教育，是难以培养更好的创新型人才的。

为什么？

接下来我就尝试借鉴认知科学的某一个理论来讨论这个问题。

在科学研究中，我觉得以下思维状态都是通往创新的境界：融会贯通、触类旁通、举一反三，说的都是“复数”而不是“单数”。我认为创新需要“复数”，就像龚自珍有诗曰“从来才大人，面目不专一”。通识教育就是“复数”的教育，我认为“复数”的教育才更有可能培养出创新型人才。

我这里介绍世界顶尖的认知科学家侯世达和心理学家桑德尔写的一本认知科学的书《表象与本质：类比，思考之源和思维之火》，这是非常重要的一本书，他们专门讨论“类比”这种思维，认为它是思考之源和思维之火。书里面说，为了通过已知的旧事物来理解未知的新事物，我们的大脑无时无刻不在做类比，这里讲的类比思维实现的就是创新和创造。书里面讲，对康德来说，类比是所有创造力的源泉。尼采甚至有一个著名的定义：真理就是“移动着的隐喻大军”。

我们举个例子来看类比思维帮助我们穿过表象，抵达事物的本质。这是一个7岁的小女孩做的类比，我们如果问上学是什么，实际上不容易回答。你可以说上学就是学知识、学文化，但是这个小女孩说：“上学就像爬楼梯。”我个人的感受是，学知识、学文化只是上学的表象，上学的本质是什么呢？就是在知识的阶梯上不断攀登，看到更远的风景，所谓“欲穷千里目，更上一层楼”。

上面所说的这本书里面说：“人类特别善于延伸和拓展范畴，并在范畴之间跳跃。”类比就是“在范畴之间跳跃”的创造性思维活动。受到侯世达和桑德尔观点的启示，如果用“学科之间”替代“范畴之间”，会不会使类比获得一种新的、重要的意义呢？或者说，囿于单一学科知识，会不会失去很多类比的机会？

如果答案是肯定的，就可以说，横跨多学科的通识教育，也是“复数”教育，会为类比提供更多的可能性。

接下来看看某些科学家在有了创新性科学发现时，是如何在不同“学科”之间“滑动”，也就是类比的。

比如跨学科的类比，在《奥本海默》这部电影中，物理学家玻尔对奥本海默说：“代数就像乐谱，关键不在于你会不会读乐谱，而在于你能否听懂它。你能听懂音乐吗？”会读乐谱，这是知识。听得懂乐谱，这就是领悟。实际上玻尔是通过将代数类比成被人“听懂”的“乐谱”，揭示了代数需要被领悟这个本质。

刘易斯·布莱叶是世界通用的盲文的发明者，他之所以有这样一个发明，是因为他接触到了军事上的凸点符号。我们知道夜间的军事行动要传达军事命令，是摸黑进行的，所以就用凸点符号。布莱叶就把它类比成盲人的生活状态，他受到了启发，于是发明了通行世界的盲文。

还有跨学科类比的例子，数学家、物理学家冯·诺伊曼，他将自己运用数学研究军事学上的爆炸时发现的事实，类比到经济学的研究中去。比如说，对于动态经济模型，他就把数学在爆炸方面应用的研究，即整个系统都会受到冲击波的影响，类比到经济学中，在一个动态的经济系统中考察会不会有类似的情况发生。所以这篇论文对动态经济模型的未来产生了深远影响。

打通自然科学和人文科学的一个典型的创造性类比就是统计物理学家张首晟教授的研究。历史是偶然的还是必然的，一直是个有争议的问题，也是一个难题。在我们的视野范围内，张首晟非常好地解决了这个问题。他就是从统计物理学中拿来三个概念，能量、信息和时空，来解释看似偶然实则必然的历史。他认为，当某一个历史时空，能量和信息达到相应的密度，就会产生“知识”的大爆炸。他举的例子就是亚历山大图书馆，这个图书馆聚集了人类空前多的知识以及大批的优秀学者，于是产生了古代世界知识的大爆炸。

杜威也曾经做过这样的事情，他认为，进步并不是批发的买卖，而是零售的生意，应当一部一部地定约、一批一批地成交。这个对政治学激进的革命与渐进的改革的类比是非常明晰而透彻的，把问题说得人人都能懂。

关于鲁迅的类比，鲁迅是学过自然科学的，他就把从科学教育中获得的僵石、中间物和解剖这三个概念，转化到人类精神领域的研究之中。因为时间的关系，我们就不能展开介绍中间物这样的概念了。

还有这篇论文《〈红楼梦〉的“芯片”》，不用多加解释，也是关于学科之间的跳跃。“电子学中的‘芯片’，是指一种微小的半导体基块。它可以把各种半导体元器件和线路，通过高精尖工艺技术，高度浓缩在这个基块上，使之具有高效率的信息存储、感应、传输、控制功能。”“读《红楼梦》会发觉，曹雪芹也为我们设计了一块‘芯片’。它记录了整部《红楼梦》全部的、核心的、关键的信息，包括人物关系、故事线索、重要情节，甚至包括作品所反映的时代背景、政治生活、经济关系、社会现象等。这个‘芯片’，就是‘通灵宝玉’。”

中国海洋大学在2015年创办了行远书院，是通识教育的书院。经过10年的探索和建设，目前已经形成了中国海洋大学的特色和比较明显的优势，我从建院之始就从事多学科融合的一门课程大学之道的教学任务。在进行通识教育的过程中，作为学者，我有了更大的格局和更新的研究方法。一种教育，如果对执行这个教育的人没有带来质的改变，我认为就称不上好教育。我本人在通识教育里面实际上是获得了学术研究的“新质生产力”，通识教育给了我跨学科的具有创新性的类比。比如整体学科之间的类比，自然科学非常重视方法论。康德就说，所谓科学就是论述它的方法；科学哲学家波普尔说，所谓理论方法，就是我们洒向这个世界的大网，这张网的网眼越细密越好，这样我们对这个世界的阐释就具有了合理性。

受这样的影响，我就在自己的研究中进行方法论的建构，《儿童文学研究方法论：理论与实践》是中国儿童文学领域里面第一部方法论的著作，如果没有接受自然科学方法论的影响，这样的书我是写不出来的。还有具体方法的类比。比如我给儿童文学下的定义就是这样一个数学公式——“儿童文学 = 儿童 × 成人 × 文学”（朱自强著：《儿童文学概论》）。为什么列这样一个数学公式呢？就是因为我对用文字来描述的定义，它们的加法关系，是不赞成的。在加法关系中，儿童文学中很多珍贵的能量都消失了。加法关系，如果每一项的数值是3，儿童 + 成人 + 文学就是9，可是如果是乘法关系，它就是27，多出来的这些就是我理解的儿童文学和所谓用文字叙述的定义的不同。

另外，我有一篇刚发表的论文，《中国现代文学的“起点”究竟在哪里？——运用“三重证据法”所作的重新考察》，关于中国现代文学的起点，研究界有十五六种观点，但是在方法论上是不够重视的，我就很重视方法论。大家可以明显看到，三重证据法，实际借鉴了王国维历史学研究的二重证据法，当然内涵是完全不一样的，是不同的理论。

第三是将自然科学的“理想化”、统计力学的方法“类比”于中国现代文学的研究。比如借鉴伽利略、牛顿的物理学研究的“理想化”方法。所以我在论文中写了这样的话：“就像伽利略不排除空气阻力和摩擦力，自由落体运动这一理论模型就无法建构一样，不排除次要因素，我们也找不到中国现代文学史的‘起点’。”

运用统计力学，实际我就直接借鉴了张首晟教授解释历史的方法，如果考察1917年至1920年中国这一特定的时空，就会震惊地发现，聚集在这一时空的能量和信息不仅达到了史无前例的超高密度，而且这些能量和信息彼此声气应求，从而朝一个方向引发了现代知识的大爆炸——中国现代文学的诞生！

如果用这种方法来考察中国从晚清开始的任何时间段，都找不到具有这样浓度的现代性知识信息和能量的时刻。

通识教育还帮助我看清了30年前“人文精神大讨论”的历史真相。我在《论王蒙的现代性》这篇论文里面提到，囿于文学这一单一学科知识的某些人文知识分子，把市场经济与人文精神对立起来。就这个问题，王蒙先生在当年就进行了深刻批判。我认为王蒙先生之所以在30年前就看清了历史发展的轨迹、历史发展的方向，就是因为他的知识结构里面有哲学的方法论、唯物主义的哲学观。他有关于社会学、经济学的精髓的洞察力，所以他就提出，我们的人文精神建设不能像玄学那样，而是要在实践中去建构。在什么样的实践中建构呢？就是在市场经济中去建构。所以，这就超出了所谓人文知识分子囿于自己单一学科的狭窄的视野。

最后再讲一个反面的例子，我最近参加了一个非常重要的学术会议，我没有参加这个学术会议里的一个分论坛，但是我看到了一个作家的微信文章描述这个分论坛：“某教授讲，文学要重新回到舞台中央，原因是科技文明走到了尽头。科技出现种种问题，人文变得空前重要，它是刹车器。某教授讲，科技崩盘后，要完成新的文学观。科学解决身体，哲学解决心智，文学解决灵魂。文学回到舞台中央，不是鸦片战争的舞台，而是硅谷占据的山头。”这些描述我都是不能接受的，我觉得他们既违反科学走过的历史的事实，也违反科学的学理。比如说，这种“科学破产”论，认为科学只是解决身体，实际上科学解决心灵，科学解决世界观。有了现代科学，我们这些现代人才有了现在这样的世界观，倒退回去几百年，人们的世界观完全不是这个样子。

最后，我认为，越是来到高科技、新媒体、人工智能的时代，我们越是需要为我们提供“类比”的更多可能性的通识教育。优质的通识教育加上一流的专业教育，才能为“中国式现代化”事业培养创新型人才。

第五届“科学·人文·未来”论坛总结发言

王　蒙　（2024年10月20日）

各位专家，各位来宾，老师们、同学们：

大家好！由于我听力下降，虽佩戴助听器，我在场听懂的发言大约有33%，但对于今天各位专家的发言，我仍很有感想。

第一，我看到了青春。今天所有发言的学者，年轻者居多，我感到了青春的气息，尤其是一些同学的提问和互动，也使我受到很大的鼓舞。

第二，今年是中国海洋大学建校100周年，“科学·人文·未来”论坛也在过去20年的时间里走过了五届，因而我感到了时间的威严，也感到了时间的督促。我希望大家注意身体健康，永远保持学习的心态，保持议论的心态，保持创造和实验的心态。

第三，与往届论坛相比，本届论坛信息量更大。我听到了很多新的见解，包括语言用词，新名词、新概念、新说法之多，前所未有。

另外，今天的讨论呈现出一种互动和相互影响的画面，有一种非常可爱的宽阔。我听到了教育学、文化学和文艺学的论断；我听到了具体经验的介绍，还听到了对自己的学问和对个人工作的回顾。发言内容涵盖很广，并且相互之间联系紧密。

除此之外，我还有一个非常激动的想法——学习是人生最重要的事，也是人生最快乐的事。90岁的我还有学习的感觉，是一件比长寿本身更快乐的事。每个人的发言都带给我们些许启发，也许是他的神态、他的逻辑，也许是会场的布置。会场的布置以往也是这样，但PPT越做越好，以至于在我听演讲的过程中都产生了幻象。朱自强先生发言时，我看的是屏幕，还认为他在这么高的地方讲演。后来忽然想到，他还在讲台旁。我看他在那儿比在讲台上还要幸福，所以我很快乐。

接下来，我想谈谈一些自己的想法。

关于一些中国的传统文化，乃至于世界的文化名人，我认为很有趣味，可以探讨。

关于孔子，除了很多重要的东西，我在想，为什么没有人研究孔子对吃饭的态度？对于吃的态度，他说了那么多，不应该受到嘲笑。他对吃的态度表现了文化，表现了医学，表现了养生，表现了礼仪。他把吃饭看得很重要，还表现了感恩的精神，在吃东西的时候表示祈祷，表示感谢。

这是我的一个小题目，作为一个没有真正受过系统教育的人对孔子的一个想法。

第二个想法，我也觉得好玩。到现在为止，我知道的中国诸子百家里面，研究过、考虑过知识产权问题的只有庄子。庄子喜欢讲一个故事，古时有以洗衣为主要收入来源的女性群居的地方，冬天她们依然每天洗衣服，但是她们有自己的药方，也就是护肤霜，使得她们的手不会皴裂。有人知道后花重金购买了这个药方并献给了吴王。吴王在他的扩张性战争中，要前往越地，但那些地方水很多，水泡了脚也要皴裂。但是他们有了药，吴王取得了胜利。因而购买药方并且献给吴王的人，也变成了胜利者。解放战争时期，受到批判最多的就是庄子，可是早在先秦时期他就研究了知识产权。

第三，大家都知道墨子不仅仅是一个发明者，他还主张和平。他主张的和平除了在价值观层面以外，还有一整套反战的防御工具，他用工具平息了一场战争。我也觉得这里面大有学问在。

当然，我也想到了外国的名人。从小我最佩服达·芬奇，因为他不但是画家，而且也是文学家，他写的《生与死》让我在少年时代阅读之后就非常感动。同时他又是制作家，也是匠人，全世界第一个钟表是达·芬奇做的，他在上面题的字是“我们有的是方法来量度我们的困苦的日子”，令人泪下。

我也想起爱因斯坦，他一再强调：“我的小提琴比相对论更好。”当然了，类似的例子还有齐白石。齐白石说：“我排第一位的是诗歌，第二位的是我的金石（刻印），第三位才是画画。”如果一个人在某一方面特别有信心，可以故意贬低它，这样别人对他就更佩服了，你自己再怎么谦虚，绘画作品也在那摆着。把业余看成比专业更伟大，也可能是中国的思路。《红楼梦》里面给秦可卿找大夫的人就说，这个人不是以医生为职业的，他是翰林。别人请他看病，他不管看，到咱们这儿看是很特殊的，这证明他是一个大医生。

中国的思想方法和思路是何等的有趣。趁我做所谓总结发言，跟大家一笑。

谢谢大家！

第五届“科学·人文·未来”论坛闭幕词

张峻峰　（2024年10月20日）

尊敬的王蒙先生，尊敬的各位专家，老师们、同学们：

经过一天积极热烈的研讨交流，第五届“科学·人文·未来”论坛即将闭幕。在此，我代表中国海洋大学，向各位嘉宾、专家学者的积极参与、慷慨分享，向筹备组全体工作人员的无私奉献、辛勤付出，表示最衷心的感谢和最崇高的敬意，谢谢大家！

在本届论坛中，我们回溯过去，探寻教育在历史洪流和社会进程中的中流之功；直面当下，共谋新时代人才培养大计；更放眼未来，探讨科学之力、人文之光推动教育之舟破浪前行，开创教育事业和强国建设的新篇章，可谓务本求新，本立道生，意义重大！各位专家围绕“教育强国与中国式现代化”这一主题发表真知灼见，作了精彩报告，与现场观众展开了深入交流和热烈互动。大家结合自身的研究领域，聚焦教育、科技、人才的一体化发展，围绕建设海洋强国、保障国家粮食安全、担负新时代文化使命、共建“一带一路”等主题，从教育与国家发展的历史维度深刻剖析，从强国建设、民族复兴伟业的战略高度深入思考，从教育互学互鉴、融通发展的国际广度深度探讨，迸发出新的思想火花，为我们打造了一场思想文化的盛宴。

教育决定着人类的今天，更决定着人类的未来。到2035年建成教育强国，是党中央作出的重要决策部署。习近平总书记在今年全国教育大会上强调："建成教育强国是近代以来中华民族梦寐以求的美好愿望，是实现以中国式现代化全面推进强国建设、民族复兴伟业的先导任务、坚实基础、战略支撑，必须朝着既定目标扎实迈进。"习近平总书记的重要讲话把教育强国建设提升到新的战略高度，赋予教育强国建设新的科学内涵，提出全面推进教育强国建设新方略。在中华民族伟大复兴战略全局、世界百年未有之大变局融合交汇之际，科技革命和产业变革加速演进，人工智能、量子科技、生物技术对全球经济社会发展和人类文明进步产生深远影响，高等教育发展的内外部环境发生深刻变化，围绕高素质人才和科技制高点的国际竞争空前激烈。新时代、新征程，日益进步的科学技术发展更需要深厚的人文素养的支撑，也需要科学与人文的跨界融合。我们要深刻把握教育的政治属性、人民属性、战略属性，坚定不移走中国特色社会主义教育发展道路；我们要坚定不移落实好立德树人任务，坚定培养社会主义建设者和接班人；我们要牢牢抓住服务强国建设、民族复兴的根本使命，形成推动高质量发展的倍增效应；我们要大力培养造就新时代高水平教师队伍，让"强师"成为强国建设的厚重根基；我们要深化教育、科技、人才综合改革，助力实现高质量发展，为教育强国建设和中国式现代化建设提供强大动力。站在中国海洋大学建校100周年的历史新起点，学校将继续秉承"教授高深学术，养成硕学宏材，应国家需要"的创校宗旨，坚守"崇尚学术、谋海济国"的价值追求，弘扬"海纳百川，取则行远"的校训，以更加饱满的热情、更加坚定的信念、更加务实的作风，加快建设特色显著的世界一流大学，投身谋海济国、教育强国建设的实践，继续书写为中国式现代化挺膺担当的蓝色华章。

"海内存知己，天涯若比邻。"让我们怀着对未来的美好期许，共同期待下一届"科学·人文·未来"论坛的到来，期待各位嘉宾再次相聚在中国海大，共同分享更多的智慧与成果，共同书写教育强国更加美好的新篇章！

现在我宣布，第五届"科学·人文·未来"论坛闭幕！

再次感谢各位嘉宾的到来！祝愿各位专家学术长青！祝各位朋友身体健康，工作顺利，阖家幸福！

我们下一届论坛再相会！